B. CORTINA SAGREDO, S. DOUCINET

Crédits iconographiques :

Source : stock.adobe.com, ©Adobe Stock

p.10 : © borisk.photos ; © dimakp ; © tarasov-vl ; © Ljupco Smokovski ; © sissoupitch ; © yrabota ; © Taalvi ; © tarasov-vl ; © hcast ; © Brian Jackson ; © Leonid Andronov © patou ; **p. 11** © Thomas Dutour ; © Maksim Shebeko ; © studiophotopro ; © fidaolga **p. 12** ; © chones **p. 13** : © JackF ; © bernardbodo ; © Valerii Apetroaiei ; **p. 14** : © freshidea **p. 15** : © littleWhale ; **p. 16** : Pixel-Shot © warmworld ; © pixzot ; © Aasia ; **p. 18** : © KsanaGraphica © Cheryl Ramalho ; **p. 21** : © alexdndz ; © Rudzhan ; © Krakenimages.com ; **p. 24** : © Jacob Lund ; **p. 25** : © Pixel-Shot ; © somartin ; © 123levit ; **p. 26** : © New Africa © pixfly ; © Tomasz ; © M.studio ; © magdal3na ; © Wayhome Studio ; © Veniamin Kraskov ; © andrys lukowski ; © shocky ; **p. 27** : © Oksana ; **p. 28** : © Iaroslav ; **p. 29** : © Alena Chubarova ; © Lvnel ; © Dmitry ; © eshana_blue ; **p. 30** : © Arxay ; © Julien ; © Haider ; **p. 31** : © oceane2508 ; **p. 35** : © Tebha Workspace ; **p. 38** : © Yeti Studio ; © Unclesam ; © Eric Isselée ; © Lozz ; © Siwakorn1933 ; © Silkstock ; © Eric Isselée ; © Fox _ Dsign ; © bird_saranyoo ; © Gudellaphoto **p. 39** : © aneriksson ; PL.TH ; © Anatolii ; © Sashkin ; © Mat Hayward ; © Enzo ; © marinaray ; © alesikka ; © Richard Villalon ; © Olesia ; © L.Bouvier © Magalice ; © pandore ; **p. 40** : © vfhnb12 ; © Arra Vais ; © fenskey ; © prism graph ; © pandore ; © Andrzej Tokarski ; © Tim UR ; © ifiStudio ; © Vivacity Images ; © tomertu ; **p. 41** : © Fox_Dsign ; **p. 42** : © zolotons ; © Hein Nouwens ; **p. 43** : © KWY ; © alfa27 ; © Francisco Toledo ; **p. 45** : © HJBC ; **p. 46** : © Jack.F ; © cynoclub ; © TT3 Design ; © thierryplouchard ; © teena37 ; © L.Bouvier ; © perfectlab ; **p. 49** : © GiorgioMorara © Elena ; © Martine A Eisenlohr ; © Photobeps ; **p. 52** : © pict rider ; © Florence Piot ; © Rawpixel.com ; © Olivier Rault ; © Jan Kravtsov ; © zatletic ; © biam ; **p. 54** : © Konstantin Yuganov ; © Halfpoint ; © cenchild ; © sementsova321 ; © olgavolodina ; © Cultura Creative ; © Pixel-Shot ; © andreaobzerova ; **p. 58** : © mimadeo ; © aperturesound ; © New Africa ; © hcast ; © StudioDLorez ; © baibaz ; © ALF photo ; © Brad Pict ; © gitusik ; © Richard Villalon ; © Tiler84 ; **p. 59** : © Mara Zemgamliete ; © Melisback ; © Sergio Martinez ; © jul_photolover ; **p. 60** : © laurencesoulez ; © zefart ; © Emile ; © Pawel Pajor ; **p. 61** : © carballo ; **p. 63** : © Suzanne Kischnick ; © JenkoAtaman ; © astrosystem ; © Rawpixel.com ; © Andrii Nekrasov ; © cynoclub ; **p. 67** : © PaulPaladin ; © juliars ; © ylivdesign **p. 68** : © jakezc ; © jon _ chica ; © yulenochekk ; © aylerein ; © Dario Bejurin ; © snaptitude ; © Oleksandr Dibrova ; © FredP ; © Alan Smithers ; © asab974 ; © bojel ; **p. 70** : © ecostyle ; **p. 74** : © tetxu ; © ParisPhoto ; © FOOD&COOK ; © OliverFoerstner ; © qunica.com ; © Florence Piot ; p.77 : © DisobeyArt ; **p. 81** : © Petair ; © juriskraulis ; © ribalka yuli ; © Osieck ; © nastazia ; © sveta ; © photlook ; © New Africa ; © Alexandr Bognat ; © sakdam ; © Tatiana Bonkoba ; © guruXOX ; © Rawpixel.com ; © brizmaker ; **p. 82** : © S. Leitenberger ; © rh2010 ; © fotofabrika ; © Julien Rondez ; © Vane Nunes ; © Ainoa ; **p. 83** : © Pixel-Shot ; © mmmg ; © maceo **p. 84** : © Laz'e-Pete ; © Anze ; © Florence Piot ; © PhotoLoren ; **p. 87** : © Sebastien Closs ; © jimverger ; © HLPhoto ; © sonu_visuals ; **p. 88** : © Franz Massard ; **p. 91** : © indofootage ; © zakiroff ; **p. 94** : © pressmaster ; © F8/ Support Ukraine ; © auremar ; © JackF ; **p. 95** : © Natalya ; © Gorodenkoff ; © deagreez ; © BillionPhotos.com ; © Destina ; © lcrribeiro33@gmail ; © yrafoto ; © Emolaev Alexandr ; © ipopba ; **p. 96** : ii-graphics ; © 4zevar ; © Thomas Leonhardy ; © creative.vector ; © Brad Pict ; © freshidea ; **p. 97** : © Delphotostock ; © Eric Isselée ; © Robin ; © oceane2508 ; © oleh11 ; © Enzo ; © serikbaib ; **p. 98** : © aninna ; © L.Bouvier ; © torriphoto ; © fusionistdesign ; © EKH-Pictures ; © Kasoga ; **p. 99** : © JackF ; © Sergey Novikov ; © micromonkey ; © fresnel6

Source : Alamy Banque d'Images

p. 8 : © Greg Balfour Evans ; **p. 22** : © Eximages ; **p. 25** : © Imago © Newscom ; **p. 35** : © Georg Berg ; **p. 50** : © Snehal Pailkar ; **p. 64** : © Bildarchiv Monheim Gmbh ; © Steve Tulley ; © NielsVK ; © 9mot ; © fkprojects ; **p. 71** : © zigres ; © MDABDULMALEKMOLLA ; **p. 78** : © JOHN BRACEGIRDLE ; **p. 84** : © Paul Quayle ; © Neville Styles ; © frederic araujo ; © incamerastock

Photos et illustrations fournies par les autrices
p. 13 - p. 24 - p. 27- p. 41 - p. 45 - p. 47 - p. 52 - p. 55 - p. 66 - p. 70 - p. 71 - p. 73 - p. 94
p. 53 : Martina Ortega **p. 66** : Juanjo Valeros
Neus Torrens ; Magali Vilà ; Emma Marçal ; Judit Puig ; Aina Mas ; Erin González ; Bernat Castellano

Photos boutique Centre Georges Pompidou p 38 : DR.

Affiches cinéma © Christophel : p. 72

Crédits vidéo
Vidéo 04 **p. 32** : © Tant Mieux Prod

Crédits textes
p. 88 : *Pour faire un poème dadaïste*, Tristan Tzara

Les meilleurs efforts ont été faits pour retrouver les ayants droits et solliciter leur autorisation de publier.

Audios disponibles en ligne ou en téléchargement sur l'espace digital

en-vrai.cle-international.com

ou directement en scannant QR code ci-dessous :

Direction éditoriale : Béatrice Rego
Marketing : Thierry Lucas
Édition : Brigitte MARIE
Maquette : Domino
Illustrations : Oscar Fernandez
Couverture : Miz'enpage

© CLE International, 2024
ISBN : 978-209-036219-0

Avant-propos

EN VRAI est une méthode de français langue étrangère destinée à accompagner et motiver les lycéens dans leur apprentissage du français.
Cette méthode est le fruit de nombreuses années d'expérience des autrices avec des apprenants de français et met à disposition des outils et des stratégies qui ont fait leurs preuves. Tout y est vrai !
EN VRAI s'inscrit dans la ligne marquée par le **Cadre européen de référence pour les langues et le Volume complémentaire de 2018**, avec son **approche actionnelle** et par **compétences** et **le travail de la médiation**. Dans cette perspective, les activités proposées sollicitent l'élève, grâce à des tâches qui sont à sa portée, et d'autres qui sont plus complexes, mais guidées, pour lui permettre d'aller plus loin, et de jouer un rôle actif dans son apprentissage.
EN VRAI met l'accent sur la **communication** et notamment sur **l'interaction orale**, en tant qu'activité langagière au même titre que la production, la réception et la médiation. De nombreuses interactions, y compris des jeux et des activités ludiques, favorisent les échanges en binôme ou en groupe et rendent la méthode d'autant plus dynamique.
Le **travail collaboratif et coopératif** est conçu pour **prendre en compte la diversité des élèves.** En particulier pour répondre aux besoins de chaque élève, et suivant la **conception universelle de l'apprentissage**, des modèles de production sont proposés.
La **grammaire** et le **lexique** sont travaillés en contexte et sont au service de la communication. L'élève assimile les contenus linguistiques en les utilisant dans de nombreuses interactions ; la systématisation de la grammaire se fait avec des exercices interactifs en ligne, directement accessibles par QR code.
EN VRAI aborde des **thématiques** actuelles et **engageantes** qui interpellent les élèves sur leur quotidien et les **Objectifs de Développement Durable** des Nations Unies pour 2030. Les **compétences cognitives du XXIe siècle** et les **compétences transversales** sont mises en œuvre à travers différentes rubriques de culture générale ou d'**outils TICE**.
La **culture** imprègne la méthode grâce aux textes littéraires et à des références à la culture francophone.
La **dimension littéraire** vient renforcer le travail de la langue orale grâce à la **lecture à voix haute** et fait découvrir la littérature francophone.
Le **Livre de l'élève** comprend 6 unités à l'approche variée afin d'éveiller l'intérêt de l'élève. Chaque unité intègre de nombreuses thématiques autour d'une notion centrale et se décline en 4 leçons qui permettent d'acquérir les compétences pour réaliser le projet de l'unité. La page « On révise ensemble » met en œuvre un travail collaboratif pour partager les connaissances de l'unité, consolider les apprentissages et vérifier que tout a été correctement acquis. Finalement, le bilan vient compléter l'unité et permet de valider l'acquisition des compétences. Dans les annexes, les entraînements au DELF proposent des épreuves afin de préparer les élèves aux examens de certification du niveau travaillé.
Des stratégies diverses et variées pour **apprendre à apprendre** sont proposées aux élèves afin d'améliorer leurs processus d'apprentissage.
Le **cahier d'activités** renforce l'acquisition des contenus de chaque leçon. La page « Qu'est-ce qu'on retient ? » permet de faire le point sur les objectifs de communication travaillés dans l'unité et son lexique correspondant, et la page « Portfolio » propose une autoévaluation afin que l'élève puisse évaluer ses progrès.
Avec EN VRAI nous vous souhaitons d'avoir envie de communiquer, d'apprendre le français et de découvrir la culture francophone.

Merci de tout cœur à nos élèves, à la fois sources d'inspiration et moteurs de cette méthode.
Leur générosité et collaboration ont été précieuses. Sans eux, ce livre n'aurait pas été possible.

Les autrices, Begoña Cortina et Sandrine Doucinet

Tableau des contenus

	Découvertes	Objectifs de communication	Grammaire	Lexique et thématique	Phonétique
Unité 1 **On se connaît ?** Pages 8 à 21 • **Projet :** Créez votre carnet d'adresses !	• Lecture à voix haute : *Lætitia* Serge Gainsbourg • **Le savez-vous ?** – Le français dans le monde – Les lettres « ae » et « oe » – La féminisation des noms de métiers – Serge Gainsbourg	• Saluer et prendre congé • Donner et demander son identité • Épeler • Compter • Parler de soi • **Apprendre à apprendre :** – Commencer à parler une langue – Comprendre un document graphique – Mémoriser – Travailler en collaboration	• Les articles indéfinis • le verbe « avoir » au présent • Les articles définis • Le féminin des métiers • Le verbe « être » au présent **Être ou avoir, telle est la question !**	• Les mots transparents • Les salutations • L'alphabet • Les nombres de 0 à 60 • Les métiers • ⦿ 5 : Égalité entre les sexes	Les voyelles combinées
Unité 2 **C'est toi ?** Pages 22 à 35 • **Projet :** Présentez votre personnage !	• Lecture à voix haute : *Je suis comme je suis* Jacques Prévert • **Le savez-vous ?** – Le Québec – La bande dessinée – Jacques Prévert • **CLIC :** – Utiliser un dictionnaire bilingue en ligne – Utiliser une application de création de dessin	• Présenter quelqu'un • Exprimer ses goûts • Décrire le physique et le caractère de quelqu'un • **Apprendre à apprendre :** – Évaluer la production d'un(e) camarade – Travailler en collaboration	• C'est / Il est • Le féminin des adjectifs de nationalité • Les verbes en -*er* au présent • La forme négative • La place des adjectifs • Le féminin des adjectifs • L'interrogation avec *Est-ce que* **Adjectifs, à vos places !** **Le quiz des personnages francophones**	• Les nationalités • Les goûts • Les parties du corps • Les adjectifs de description • ⦿ 16 : Paix, justice et institutions efficaces	L'intonation : la question et l'affirmation
Unité 3 **Qu'est-ce que c'est ?** Pages 36 à 49 • **Projet :** Rédigez et publiez votre annonce !	• Lecture à voix haute : *Hymne des objets ménagers* Claude Roy • **Le savez-vous ?** – La Suisse – Sonia et Robert Delaunay – 70 et 90 – La collecte de vêtements – Claude Roy • **CLIC :** Utiliser un mur digital	• Décrire des vêtements et des objets • Acheter un vêtement • Dire et demander un prix • Exprimer l'appartenance • Compter de 70 à + • **Apprendre à apprendre :** – Comprendre une infographie – Travailler en collaboration	• Le pluriel des noms et des adjectifs • L'interrogation avec quel/quelle • Il y a / Il n'y a pas de • Les adjectifs possessifs • Les adjectifs démonstratifs • L'intensité et la quantité : Très, trop, beaucoup • Le verbe « pouvoir » au présent **Quelle est la bonne option ?**	• Les couleurs • Les formes • Les objets du quotidien • Les vêtements et accessoires • Les objets de la classe • Les nombres à partir de 70 • Les formules de politesse • ⦿ 12 : Consommation et production responsables • ⦿ 6 : Eau propre et assainissement	Les liaisons avec « s »

4 quatre

	Découvertes	Objectifs de communication	Grammaire	Lexique et thématique	Phonétique
Unité 4 **Tu fais quoi ?** Pages 50 à 63 • **Projet :** Créez la B.D de votre routine !	• Lecture à voix haute : *Il y a la nuit* Jacques Prévert • **Le savez-vous ?** – La France – Manger des produits de saison – Paris • **CLIC :** Utiliser un logiciel de design et de publication	• Dire et demander l'heure • Parler de sa routine • Parler des tâches quotidiennes • Demander et donner des informations sur une activité • Poser et répondre à des questions • Passer et prendre la commande au restaurant • **Apprendre à apprendre :** – Mémoriser – Travailler en collaboration	• Les verbes pronominaux • Le verbe « faire » au présent • « Pourquoi » et « parce que » • L'interrogation avec : qui, que, comment, quand, où, combien • Les articles partitifs • **La roue des questions** • **Des quantités en images**	• L'heure • Les moments de la journée • Les jours, les mois, les saisons • La routine et les activités quotidiennes • L'alimentation 🌀 12 : Consommation et production responsables	L'accent tonique
Unité 5 **On va faire quoi ?** Pages 64 à 77 • **Projet :** Créez le mur de vos projets !	• Lecture à voix haute : *L'élégance du hérisson* Muriel Barbery • **Le savez-vous ?** – La Belgique – Se déplacer – Le changement climatique – Muriel Barbery • **CLIC :** – Le parcours de BD à Bruxelles – Utiliser un tableau digital collaboratif	• Parler de ses loisirs et de ses sorties • Parler de voyages • Parler de ses projets • Dire le temps qu'il fait • Parler de la famille • **Apprendre à apprendre :** – travailler en collaboration	• Le pronom sujet « on » • Le verbe « aller » au présent • Les articles contractés • Le verbe « vouloir » au présent • Les pronoms toniques • Le futur proche • L'expression du temps : depuis, dans • **Des verbes pour une destination**	• Les loisirs et les sports • Les pays • Les moyens de transport • La météo • La famille 🌀 13 : Lutte contre les changements climatiques 🌀 3 : Bonne santé et bien-être	Le « e » muet
Unité 6 **C'est où ?** Pages 78 à 91 • **Projet :** Créez un jeu !	• Lecture à voix haute : *Pour faire un poème dadaïste* Tristan Tzara • **Le savez-vous ?** – L'Afrique – Les commerces de proximité – Réutiliser ou réparer un objet – Tristan Tzara • **CLIC :** – Utiliser des éditeurs d'images – Utiliser les modèles de diapositives	• Décrire un lieu • Demander un itinéraire • Prendre un rendez-vous • Exprimer l'obligation • Raconter des événements passés • **Apprendre à apprendre :** – Interpréter un document graphique – Comprendre la globalité d'un document audiovisuel authentique – Travailler en collaboration	• La préposition « dans » • L'expression de l'obligation • L'impératif • Le verbe « devoir » au présent • Les prépositions de pays • Le passé composé • **Notre aventure du A1**	• La maison, les pièces, les meubles • Les commerces et services de la ville • Le rendez-vous formel : dentiste, médecin ... 🌀 11 : Villes et communautés durables 🌀 12 : Consommation et production responsables	L'intonation : l'exclamation

Annexes

- Entraînement au DELF A1 .... p. 94
- Précis de grammaire .... p. 100
- Tableaux de conjugaison .... p. 106
- Lexique .... p. 111
- Transcriptions .... p. 113

Mode d'emploi

 activité de compréhension orale

 activités en interaction

 jeu

L'ouverture

Une présentation de l'unité.

Une image pour introduire la **thématique** de l'unité.

Les objectifs de communication de l'unité.

Le **projet** de l'unité.

Une **Interaction** pour briser la glace et s'échauffer.

Des questions d'observation

Des contenus transdisciplinaires

Quatre leçons

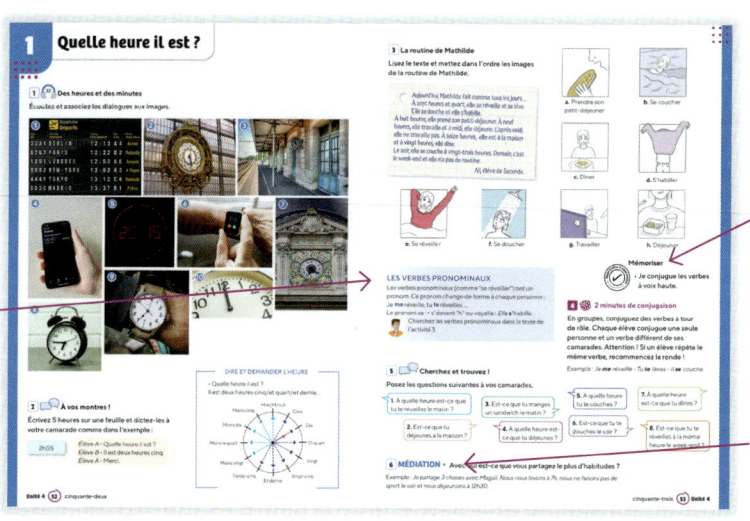

La **grammaire en contexte**.

Des stratégies pour **apprendre à apprendre**.

Des activités de **médiation**.

Des outils pour aider l'élève à réaliser les activités.

Le travail de la **phonétique**

Des documents authentiques.

Des **interactions** en binôme ou en groupe.

Le **QR code** mène à la plateforme interactive et travaille la grammaire de façon ludique.

Le projet

Le **projet** guidé en 3 étapes.

La **lecture à voix haute**.

Un **exemple de projet** réalisé par des élèves.

Des propositions d'outils numériques pour développer la **compétence digitale**.

Le bilan de l'unité

La révision de l'unité avec un **travail coopératif**.

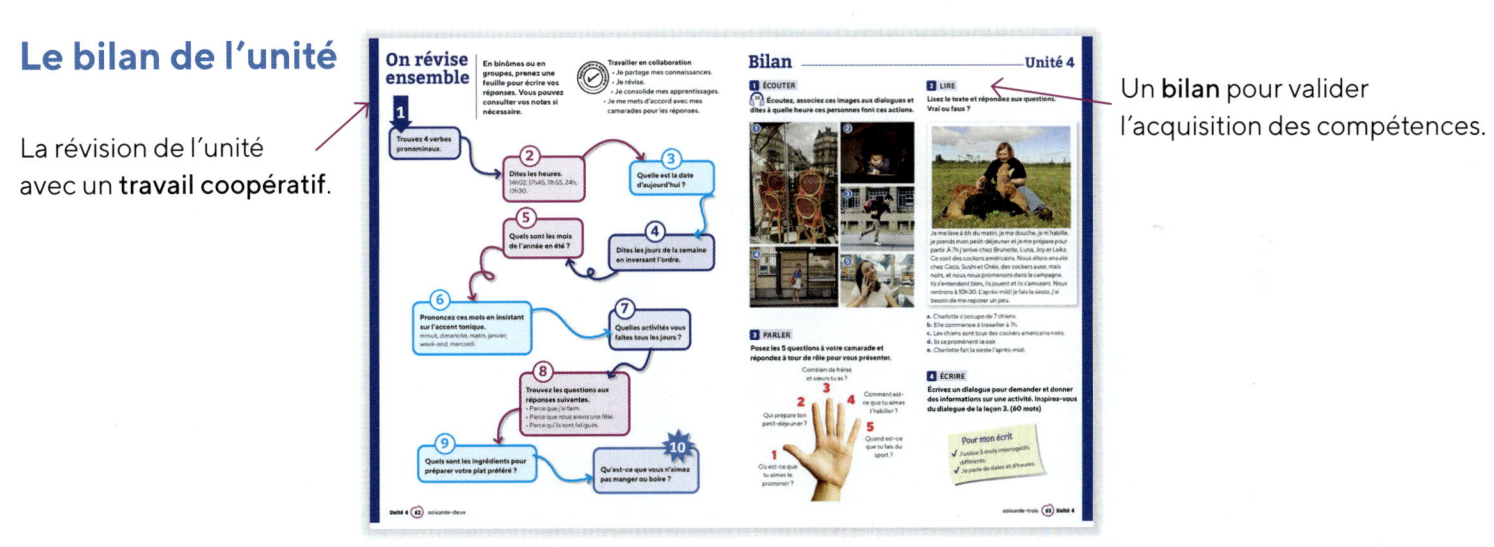

Un **bilan** pour valider l'acquisition des compétences.

Et aussi les **Entraînements au DELF**, le lexique, les transcriptions et un précis grammatical.

Unité 1 — On se connaît ?

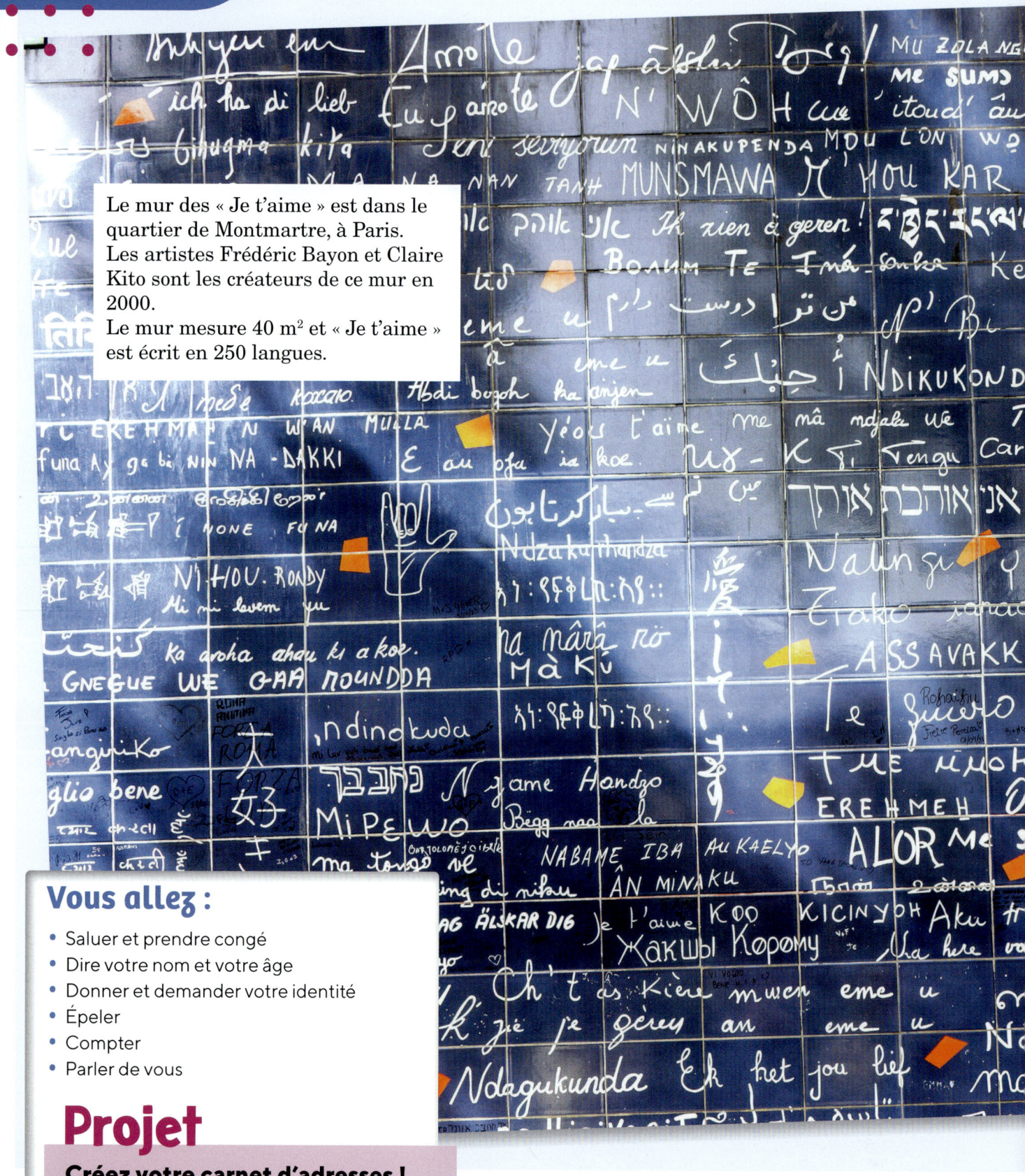

Le mur des « Je t'aime » est dans le quartier de Montmartre, à Paris. Les artistes Frédéric Bayon et Claire Kito sont les créateurs de ce mur en 2000.
Le mur mesure 40 m² et « Je t'aime » est écrit en 250 langues.

Vous allez :
- Saluer et prendre congé
- Dire votre nom et votre âge
- Donner et demander votre identité
- Épeler
- Compter
- Parler de vous

Projet
Créez votre carnet d'adresses !

Le mur des « Je t'aime »
Frédéric Bayon et Claire Kito, Paris, 2000.

💬 LA FRANCOPHONIE

Répondez à ces questions dans votre langue.

- Quels pays francophones vous connaissez ?
- Combien de personnes parlent français dans le monde ?
- Quels mots en français vous connaissez ?

1 Observez.

a. Quelles langues vous reconnaissez sur ce mur ?
b. Dans quelles langues vous savez dire "je t'aime" ?
c. Quelles couleurs vous voyez sur ce mur ?
d. À quoi vous fait penser cette œuvre ?

LE SAVEZ-VOUS ?

On parle français sur tous les continents. Il y a environ **300 millions de francophones** dans le monde. La langue française est la **cinquième (5ᵉ) langue la plus parlée** au monde après le chinois, l'anglais, l'hindi et l'espagnol.

1 On y va !

1 Des mots en français

a. Associez les noms et les photos.

une guitare - un chocolat - un café - des canapés - la musique - un pyjama - un hôtel - un taxi - un éléphant - des tomates - un croissant - un restaurant - un piano - une moto - un train

b. 🎧 01 Écoutez et répétez les mots.

2 🎧 02 Les bruits des mots transparents

Écoutez et dites ce que vous entendez.

Exemple : *un restaurant*

LES ARTICLES INDÉFINIS

Ils désignent des personnes ou des choses non précisées.

Genre / Nombre	Masculin	Féminin
Singulier	**un** train	**une** guitare
Pluriel	**des** canapés	**des** tomates

 Quels sont les articles indéfinis dans votre langue ?

⑬

⑭

⑮

3 MÉDIATION • Le français, pas si difficile que ça !

a. Lisez ce texte.

b. Comptez les mots que vous comprenez et comparez avec un(e) camarade.

> D'autres langues utilisent des mots français, surtout dans le vocabulaire de la gastronomie (chef, baguette), de la mode (chic, boutique), de la cosmétique (rouge à lèvres, parfum), de l'amour (chéri, rendez-vous) ou de l'art (ballet…). Les 7 mots français les plus utilisés dans le monde sont : bonjour, merci, au revoir, croissant, baguette, amour, rendez-vous.

POUR SALUER
- Bonjour
- Salut (*informel pour dire bonjour ou au revoir*)
- Au revoir, à tout à l'heure, à bientôt, à plus tard

4 🎧 03 Bonjour, ça va ?

a. Écoutez les dialogues et répétez.

b. Mémorisez un dialogue et jouez-le avec votre camarade.

Dialogue 1 (2 personnes)
Élève A - Bonjour, ça va ?
Élève B - Oui, ça va, et toi ?
A - Ça va.
B - Au revoir !
A - Au revoir !

Dialogue 3 (2 personnes)
Élève A - Salut, Claire.
Élève B - Salut Max.
A - À tout à l'heure !
B - Oui, à bientôt.

Dialogue 2 (2 personnes, registre formel)
Élève A - Bonjour, monsieur.
Élève B - Bonjour, madame.
A - Vous allez bien ?
B - Très bien et vous ?
A - Très bien, merci.
B - Ça va.

Dialogue 4 (3 personnes)
Élève A - Ça va, Léo ?
Élève B - Oui, ça va.
Élève C - Et toi, Julia ?
A - Bof, pas très bien.
B - Salut, à plus tard !
A et B - Salut !

Apprendre à apprendre ✓

Commencer à parler une langue
- J'écoute et je répète des phrases.
- Je mémorise des phrases.
- Je crée de nouvelles phrases.

5 🎲 Mimez !

Créez un nouveau dialogue pour saluer. Vos camarades miment votre dialogue.

onze **11** Unité 1

2 Et toi, comment tu t'appelles ?

1 🎧 04 **L'alphabet des prénoms**

Écoutez et répétez.

POUR ÉPELER
- trait d'union : -
- accent aigu : ´
- accent grave : `
- accent circonflexe : ^
- tréma : ¨
- c cédille : ç
- e dans l'o : œ
- e dans l'a : æ

2 Des sons et des lettres

A Aimée Arthur	**B** Benoît Benjamin	**C** Clément Claire	**D** Dylan Diego	**E** Eden Emma	**F** Farid Fleur	**G** Gabrielle Guillaume
H Henri Héléna	**I** Inès Idriss	**J** Jérôme Julia	**K** Kevin Koumba	**L** Louna Lucie	**M** Madeleine Mohammed	**N** Nicolas Noa
O Omar Olivia	**P** Pablo Prune	**Q** Quentin Quassim	**R** Rose Raphaël	**S** Suzanne Souleyman	**T** Thaïs Tao	**U** Ugo Ulysse
V Valentine Victor	**W** Walid William	**X** Xavier Xan	**Y** Yasmine Yacine	**Z** Zoé Zachary		

a. Trouvez dans le tableau un prénom avec chaque groupe de voyelles. Comment leprononcez-vous ?

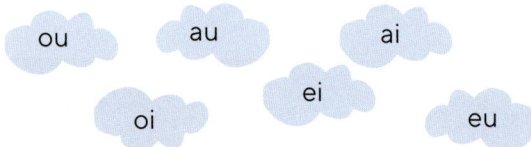

ou, au, ai, oi, ei, eu

b. 🎧 05 Écoutez et répétez.

Lou habite à Saint-Cloud.
Thibault boit de l'eau.
Éloi parle avec toi.
Aimée aime danser.
Madeleine est équatorienne.
Yseult adore le bleu.

3 🎲 **Comment ça s'écrit ?**

Cherchez 5 mots et épelez ces mots à un(e) camarade. (Voir lexique)

LE SAVEZ-VOUS ?

En français, il existe **deux lettres soudées** : "œ" et "æ". Quelques mots seulement contiennent ces lettres : œil, cœur, curriculum vitæ, œuf, bœuf, ex æquo...

4 🎬01 **On se connaît un peu mieux.**

a. Regardez la vidéo, écoutez et répétez.

- Comment tu t'appelles ?
- Je m'appelle Julie.
- Comment ça s'écrit ?
- J-U-L-I-E.
- D'accord. Et ton nom ?
- Bernard.
- Comment ça s'écrit ?
- B-E-R-N-A-R-D.
- Où est-ce que tu habites ?
- J'habite à Montpellier.
- Quel âge tu as ?
- J'ai 22 ans.

Nom : BERNARD
Prénom : Julie
Âge : 22 ans
Ville : Montpellier

b. 🎬02 Regardez les vidéos et créez une fiche pour chaque personne.

LE VERBE « AVOIR » AU PRÉSENT

J'ai, tu as, il/elle a, nous avons, vous avez, ils/elles ont
« avoir » + âge : *J'ai* 20 ans.
« avoir » exprime la possession : *J'ai* un chat.

POUR DONNER ET DEMANDER SON IDENTITÉ

- Comment tu t'appelles ? / Je m'appelle …
- Quel est ton nom ? / Quel est ton prénom ?
- Mon nom/prénom est …
- Quel âge tu as ? J'ai 16 ans.
- Où est-ce que tu habites ? J'habite à …

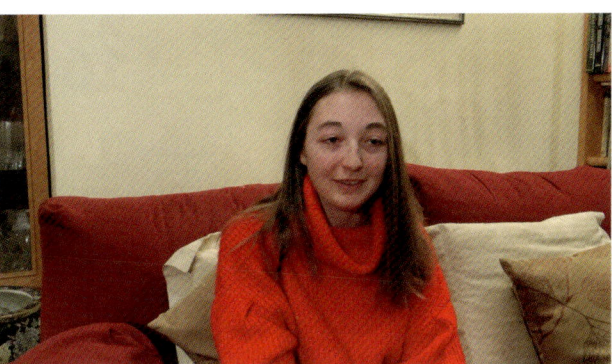

5 🎧06 **Qui est qui ?**

Écoutez et associez les dialogues aux images.

a Il s'appelle Guillaume, il a 40 ans, il a une fille. Elle s'appelle Anaïs. Ils ont un chien.

b Elle s'appelle Madeleine et elle a un chat.

c Nous avons 16 ans. Nous avons des copains géniaux !

d Bonjour, vous avez des croissants ? Oui, madame.

6 Présentez une personne de la photo n°1. Donnez son nom, son prénom, son âge, sa ville …

3 Cinq sur cinq

1  Un deux, trois …
En groupes, associez les chiffres et les noms en toutes lettres sur une feuille. Vous avez trois minutes pour trouver un maximum de paires.

2 🎧 07 Les nombres de 1 à 60
Écoutez et répétez.

---

51 · dix · quatre · 60 · 2 · 50 · 4 · 6 · 12
CINQ · quarante et un · vingt · trente et un · 30 · sept
18 · 5 · six · 21 · 19 · 20 · 10
0 · 7
NEUF · 14 · douze · 40 · dix-sept
trois · onze · 41 · 1 · 16 · zéro
dix-neuf
3 · quatorze · dix-huit · cinquante et un
9 · 31 · 11 · 17
CINQUANTE · un · DEUX · seize
quinze · TRENTE · soixante
quarante · 8 · 13 · 15
vingt et un · treize · huit

---

3 🎧 08 Ouvrez vos oreilles !
Écoutez et écrivez les nombres.

POUR COMPTER
- plus **+**
- moins **−**
- égal **=**
- multiplié par **×**
- divisé par **:**

4 🎧 09 MÉDIATION • Écoutez, calculez, et trouvez le résultat.

POUR DEMANDER DE RÉPÉTER
- Tu peux répéter, s'il te plaît ?
- Excusez-moi, vous pouvez répéter plus lentement ? (*formel*)
- Pardon, je n'ai pas compris.
- Vous pouvez parler moins vite ? (*formel*)

5 🎲 Je suis bon en calcul mental !
Sur le modèle de l'activité 4, proposez des opérations de calcul mental à un(e) camarade. Jouez à tour de rôle. Vous obtenez 1 point par réponse correcte.

Unité 1 · 14 · quatorze

6 MÉDIATION • Les femmes dans le monde

L'Objectif de Développement Durable n° 5 porte sur l'égalité entre les sexes.

Observez ces infographies. Complétez les phrases avec les pourcentages (%). Faites le calcul quand c'est nécessaire.

a. ... % des scientifiques dans le monde sont des femmes.
b. ... % des filles dans le monde sont très pauvres.
c. ... % des filles ne vont pas à l'école primaire.

Comprendre un document graphique
• Je repère les mots transparents.
• Je fais le lien avec les images.

Seulement **30%** des scientifiques dans le monde sont des femmes.

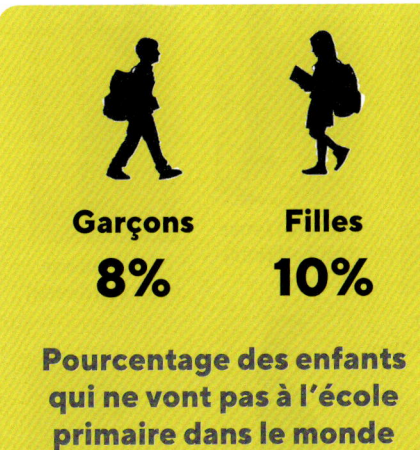

Garçons **8%** Filles **10%**
Pourcentage des enfants qui ne vont pas à l'école primaire dans le monde

1 fille sur **5** dans le monde grandit dans une extrême pauvreté.

LES ARTICLES DÉFINIS

Ils désignent des choses ou des personnes précises.

Genre / Nombre	Masculin	Féminin
Singulier	**le** monde, **l'**objectif	**la** population, **l'**école
Pluriel	**les** garçons	**les** filles

Le et **la** deviennent **l'** devant a,e,i,o,u,h.
Combien d'articles définis masculins il y a dans l'exercice 6 ?
Quelle est la différence entre « l'école » et « une école » ?

7 Complétez ces phrases avec des articles définis.

... journée internationale des femmes est célébrée ... 8 mars. Elle est créée par ...ONU et c'est l'occasion de rappeler ... droits des femmes et ... fin des inégalités.

8 Masculin ou féminin ?

Soyez le/la plus rapide pour retrouver les 6 mots masculins et les 6 mots féminins dans cette liste. N'oubliez pas d'ajouter l'article !

VOITURE TÉLÉPHONE BUS
UNIVERSITÉ TOMATE CHOCOLAT CINÉMA
PHOTO COULEUR RESTAURANT PLANÈTE FILM

4 Des métiers pour tous

1 Des métiers

Quels métiers vous connaissez ?

Un musicien
(une musicienne)

Une serveuse
(un serveur)

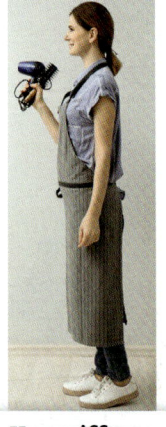
Un cuisinier
(une cuisinière)

Une coiffeuse
(un coiffeur)

Un vendeur
(une vendeuse)

LE FÉMININ DES MÉTIERS

En général : nom de métier au masculin **+ e** = nom de métier au féminin.
Mais il y a des cas particuliers. *(voir précis grammatical page 100)*
En français, on ne met pas d'article devant le métier avec le verbe « être ».
Il / Elle est **dentiste**.

 Retrouvez les féminins particuliers des noms de métiers dans l'activité 1.

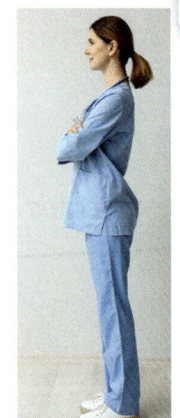
Une infirmière
(un infirmier)

Un étudiant
(une étudiante)

Un(e) peintre

Une directrice
(un directeur)

Un(e) dentiste

LE SAVEZ-VOUS ?

En français, des noms de **métiers** comme professeur, auteur..., sont au **féminin** (professeure, autrice...) depuis les années 2000.

 **Mémoriser**
- Je répète à voix haute.

2  Âges et métiers

a. Écoutez et indiquez l'âge et le métier des personnes de chaque dialogue.

b. Répétez et mémorisez les dialogues.

Dialogue 1
- Karim, tu es musicien ?
- Oui, je suis musicien.
- Quel âge tu as ?
- J'ai 37 ans.

Dialogue 2
- Moi, c'est Zoé, je suis médecin.
- D'accord, et quel âge tu as ?
- J'ai 42 ans.

Dialogue 3
- Et vous ? Marco et Romy, vous êtes coiffeurs, c'est ça ?
- Oui, nous sommes coiffeurs tous les deux. Marco a 41 ans et moi j'ai 27 ans.

Dialogue 4
- Léa est avocate et elle a 43 ans et Romane est commerçante, elle a 54 ans.

Dialogue 5
- Nous sommes des joueuses de tennis. Louna a 21 ans et moi, j'ai 23 ans.

Dialogue 6
- Ils sont serveurs ?
- Clémence et Mehdi ? Oui, ils sont serveurs dans un restaurant. Ils ont 43 et 42 ans.

3 | Des métiers recherchés

Observez les métiers les plus recherchés sur Internet dans certains pays d'Europe en 2023 et répondez aux questions.

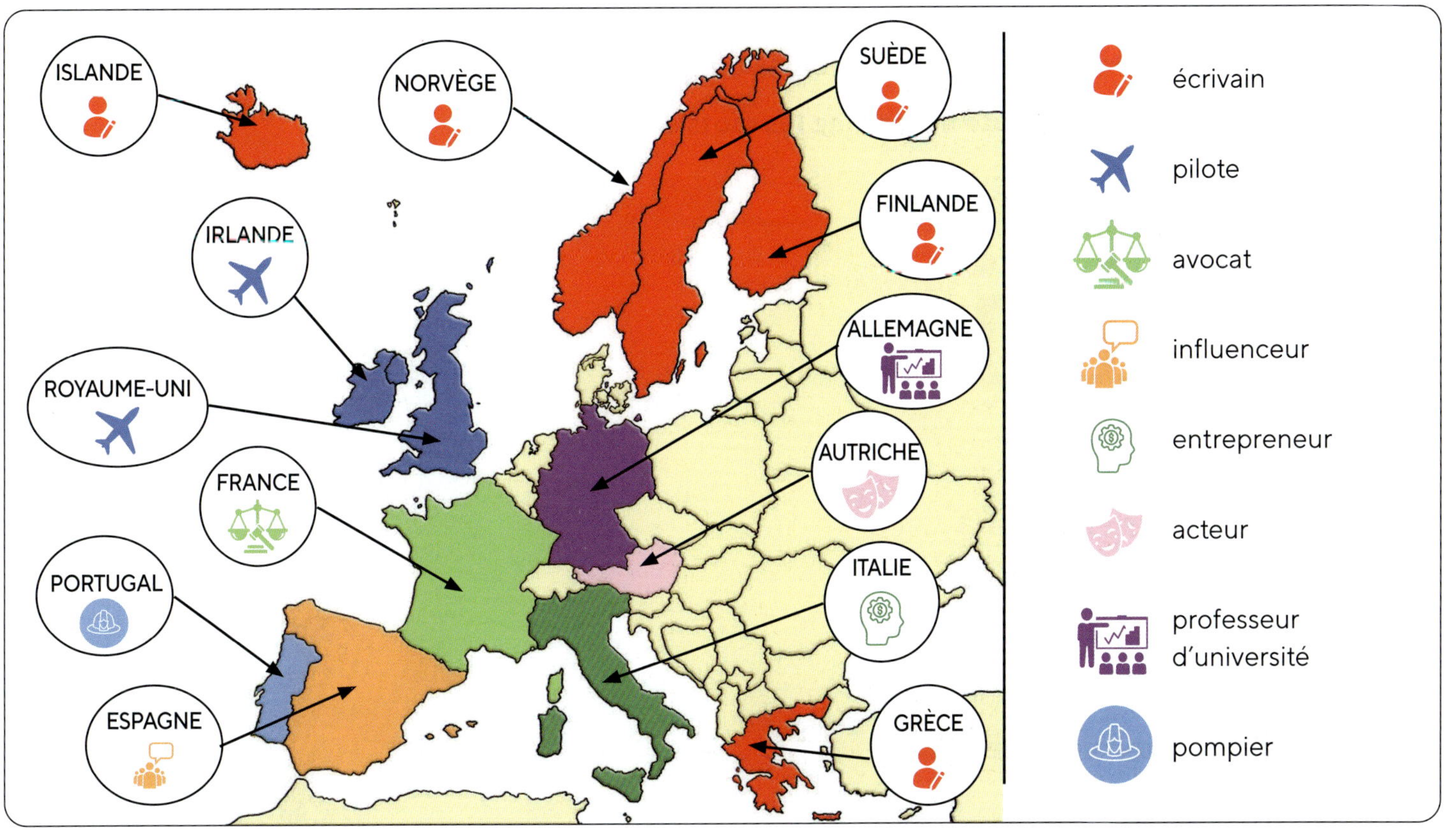

a. Quel métier les gens préfèrent en Allemagne ?
b. Dans quels pays le métier d'écrivain est populaire ?
c. Quel métier est populaire en Espagne ?
d. Quel métier artistique est demandé en Autriche ?
e. En France, quel est le métier le plus recherché ?

D'AUTRES MÉTIERS
- Un commerçant / une commerçante
- Un(e) journaliste
- Un(e) scientifique
- Un danseur / une danseuse
- Un chanteur / une chanteuse
- Un policier / une policière
- Un chirurgien / une chirurgienne

LE VERBE « ÊTRE » AU PRÉSENT

Je suis, tu es, il/elle est, nous sommes, vous êtes, ils/elles sont
- être + métier

Je **suis** étudiant(e).

 Dans votre langue, quel est ou quels sont l'/ les équivalent(s) du verbe « être » ?

4 🎧 Des sons et des lettres

a. Écoutez et répétez à voix haute. Ensuite répétez avec votre camarade.

b. Observez
– Quelles formes du verbe « avoir » se prononcent de la même façon ?
– Quelles formes du verbe « être » se prononcent de la même façon ?

5 🎲 Être ou avoir, telle est la question !

Scannez le QR code et jouez !

Projet — Créez votre carnet d'adresses !

1. Écoutez sur Internet la chanson *Lætitia* interprétée par Serge Gainsbourg.

a. Lisez cet extrait à voix haute et répétez les mots en gras.

Lætitia

L-A-E dans l'**A-T-I-T-I-A**

L-A-E dans l'**A-T-I-T-I-A**

Sur ma Remington portative
J'ai écrit ton nom, Lætitia

L-A-E dans l'**A-T-I-T-I-A**

Lætitia, les jours qui se suivent
Hélas ne se ressemblent pas

L-A-E dans l'**A-T-I-T-I-A**

Elaeudanla teiteia (Laetitia)
© Serge Gainsbourg

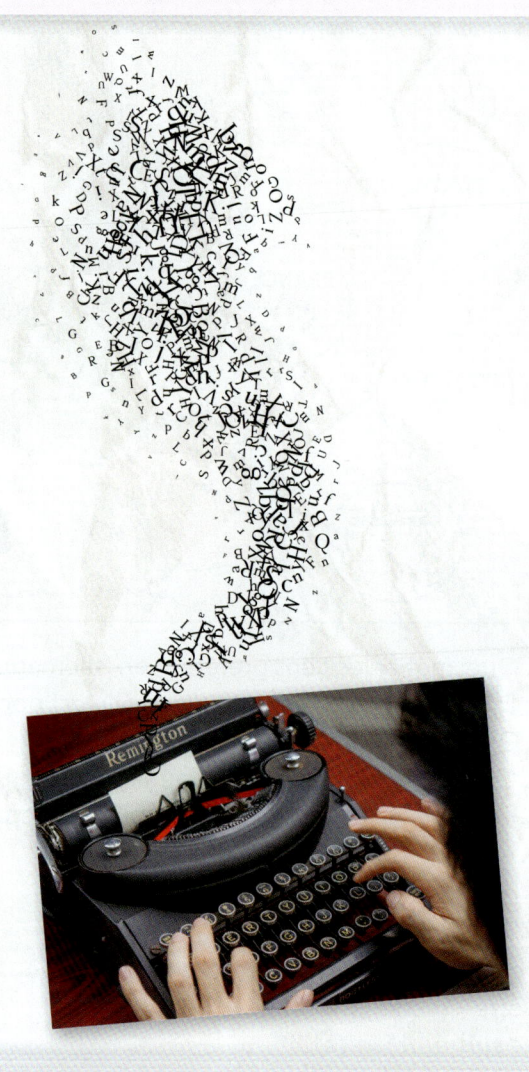

b. Épelez les prénoms suivants.

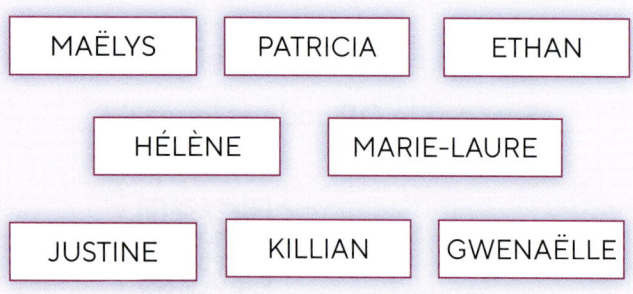

MAËLYS   PATRICIA   ETHAN

HÉLÈNE   MARIE-LAURE

JUSTINE   KILLIAN   GWENAËLLE

LE SAVEZ-VOUS ?

Serge Gainsbourg est un chanteur, auteur-compositeur et artiste français d'origine russe, du XXe siècle. Il est connu pour sa musique innovante et ses provocations. Il reste une référence pour les nouvelles générations d'artistes.

2. 🎧 Le carnet d'adresses

Voici le carnet d'adresses des élèves de la classe de Célia et de Martin. Écoutez le document. Quel contact correspond au dialogue ?

Mon carnet d'adresses

Contact 1
Prénom : Célia
Nom : MARTIN
Numéro de téléphone :
07 11 36 54 29
Adresse électronique :
celia.martin@free.fr
Ville : Biarritz

Contact 2
Prénom : Martin
Nom : ROUSSEL
Numéro de téléphone :
06 25 48 31 12
Adresse électronique :
martrsl-06@gmail.fr
Ville : Strasbourg

Contact 3
Prénom : Vanessa
Nom : DURAND
Numéro de téléphone :
06 33 50 42 21
Adresse électronique :
durandvanou@wanadoo.fr
Ville : Annecy

Contact 4
Prénom : Kylian
Nom : M'BARALI
Numéro de téléphone :
07 25 38 41 56
Adresse électronique :
kkmmbb07@yahoo.fr
Ville : Rennes

POUR ÉPELER DES CARACTÈRES SPÉCIAUX

@ arobase   . point
_ tiret bas   # dièse

---

3. À vous !

Complétez le carnet d'adresses des élèves de votre classe en vous posant des questions.

Pour mon oral
✓ Je pose des questions pour compléter mon carnet d'adresses.
✓ Je réponds aux questions de mes camarades.

On révise ensemble

En binômes ou en groupes, prenez une feuille pour écrire vos réponses. Vous pouvez consulter vos notes si nécessaire.

Apprendre à apprendre — Travailler en collaboration
- Je partage mes connaissances.
- Je révise.
- Je consolide mes apprentissages.
- Je me mets d'accord avec mes camarades pour les réponses.

1. Présentez-vous.

2. Continuez le dialogue.
Salut, …

3. Trouvez 5 mots transparents.

4. Épelez les prénoms suivants.
Jérôme, Lætitia, Mohammed, Zachary, Raphaël.

5. Lisez correctement.
- Antoine n'aime pas l'avoine.
- Louisette rime avec baguette.
- Koumba et Louna aiment Cuba.
- Tu connais Benoît et Eloi ?

6. Comptez de 1 à 20.

7. Quel est le pluriel de "un" et de "une" ?

8. Citez 5 métiers.

9. Lisez les chiffres.
21, 31, 41, 51.

10. Quel est le pluriel de "le" et de "la" ?

11. Combien font …
a. 40 + 7 − 2
b. 60 − 14 − 3 + 5
c. 20 − 5 + 16

12. Conjuguez les verbes « être » et « avoir » au présent.

Bilan — Unité 1

1 LIRE

Lisez cette affiche et choisissez les bonnes réponses.

1. Ce document est …
   a. une information.
   b. une publicité.
   c. une réglementation.

2. Quel est le thème principal de ce document ?
   a. La sécurité sur Internet
   b. L'identité numérique
   c. Les dispositifs personnels : le PC, le téléphone, la tablette

3. L'identité numérique est …
   a. la protection des données.
   b. les photos et vidéos à mon nom.
   c. les informations sur moi sur Internet.

L'IDENTITÉ NUMÉRIQUE

L'identité numérique est l'ensemble des informations d'une personne sur Internet.
La protection des données personnelles est essentielle.

Qui je suis sur Internet ?
- le nom, le prénom, le mail, l'adresse, le numéro de téléphone, la date de naissance.
- les publications : textes, photos, vidéos …
- les commentaires, likes, abonnements …

Quelles sont les traces ?
- les cookies
- l'adresse IP
- l'historique des navigations et recherches

2 ÉCOUTER

🎧 13 **Écoutez et dites si les affirmations suivantes sont vraies ou fausses. Corrigez-les si elles sont fausses.**

a. Le nom de Maxime est Latour.
b. Adam et Maxime sont amis.
c. Le nom de Sarah est Delamare.
d. Le numéro de téléphone de Maxime est le 00 33 7 12 34 55 49.
e. Sarah habite à Deauville.

3 PARLER

Posez les 5 questions à votre camarade et répondez à tour de rôle pour vous présenter.

1 Comment tu t'appelles ?
2 Quel est ton numéro de téléphone ?
3 Quel âge tu as ?
4 Où est-ce que tu habites ?
5 Comment tu écris ton nom ?

4 ÉCRIRE

Ma fiche d'identité

Copiez et remplissez cette carte de bibliothèque.

— MA CARTE DE BIBLIOTHÈQUE —
Prénom :
Nom :
Âge :
Ville :
Adresse mail :
Numéro de téléphone :

Unité 2 — C'est toi ?

Vous allez :
- Présenter quelqu'un
- Exprimer vos goûts
- Décrire le physique et le caractère de quelqu'un

Projet
Présentez votre personnage !

Le projet Nuit Blanche est une manifestation culturelle. Sa durée est d'une nuit. La culture est accessible à tous et c'est gratuit. Le Canada est le premier pays, en Amérique, à accueillir ce projet en 2004.

Nuit Blanche, JR, Toronto, Canada, octobre 2015.

VOTRE IDENTITÉ, S'IL VOUS PLAÎT !

Par deux, formulez les questions à partir des mots suivants et répondez.

Nom ...
Prénom ...
Âge ...
Adresse ...
Adresse mail ...
Numéro de téléphone ...

1 Observez la photo. Retrouvez les réponses à ces questions.

a. Où est cette affiche ?
b. Qu'est-ce qu'on voit sur l'affiche ?
c. Comment s'appelle le projet ?
d. Qu'est-ce que c'est ?

1. Nuit Blanche.
2. Dans la rue.
3. C'est une manifestation culturelle.
4. Des visages de personnes.

LE SAVEZ-VOUS ?

Le Canada est un pays bilingue. L'anglais et le français sont des langues officielles.
Le Québec est la région avec le plus de francophones.

vingt-trois **23** Unité 2

1 Qui c'est ?

1 C'est ...

Observez ces photos et présentez ces personnes.

C'est Maria. C'est une journaliste. Elle est italienne.

Ce sont des professeurs. Il est français. Elles sont belges.

Lounis

libanais   musicien

Leonardo

argentin   photographe

Pedro et Lourenço

cuisiniers   portugais

2 🎧14 C'est Léa

a. Écoutez les dialogues et répétez.

b. 💬 Mémorisez un dialogue et jouez-le avec un(e) camarade.

Dialogue 1 (2 personnes)
Élève A - Qui c'est ?
Élève B - C'est Léa. C'est une élève.
A - D'accord !
B - Elle est belge. Elle est sympa.

Dialogue 2 (3 personnes)
Élève A - Est-ce que c'est le professeur de français ?
Élève B - Oui, il est canadien.
Élève C - Non, il est suisse.

C'EST / IL EST

• **C'est / Ce sont** (+ nom propre /+ article + nom ou métier) : pour présenter
C'est Maria.   **C'est** une journaliste.
• **Il / Elle est Ils / Elles sont** (+ adjectif, métier ou nationalité) : pour décrire
Il est français.

 Ces deux phrases sont correctes. Pourquoi ?
C'est une journaliste.   Elle est journaliste.

POUR PRÉSENTER QUELQU'UN

• C'est / Voilà Léa.
• Ce sont / Voici / Voilà Léa et Léo.
• Il / Elle est suisse.
• Il / Elle est étudiant(e).

3 Ouvrez vos oreilles !

• **Question :** L'intonation monte à la fin de la phrase. ↗
• **Affirmation :** L'intonation descend en fin de phrase. ↘

a. 🎧15 Écoutez. Levez la main droite pour une affirmation, la main gauche pour une interrogation.

b. Lisez les phrases suivantes à votre camarade. Il/elle devra lever la main en fonction de votre intonation.

a. Ils adorent parler.
b. Léna a 46 ans.
c. Vous n'êtes pas français.
d. C'est un chat.
e. Il est content.
f. C'est un prix Nobel.

4 🎧 16 Des personnes exceptionnelles

Écoutez. Lisez les textes et associez-les aux symboles et aux drapeaux.

①  ②

③  ④  ⑤

a. C'est **Wangari Muta**. C'est une scientifique kényane. Elle est biologiste. Elle est morte en 2011 à 71 ans. En 2004, c'est la première femme africaine avec un prix Nobel de la paix pour son engagement contre la déforestation du Kenya et pour la démocratie et la paix.

Audrey, élève de première

b. Ce sont **Malala Yousafzai et Kailash Satyarthi**. Elle est pakistanaise et il est indien. Malala a 17 ans en 2014 quand ils ont le prix Nobel de la paix pour leur défense des droits à l'éducation des enfants.

Kader, élève de seconde

5 Des sons et des lettres

a. 🎧 17 Écoutez ces nationalités et répétez.

Allemand / Allemande
Hongrois / Hongroise
Japonais / Japonaise
Suisse / Suisse
Argentin / Argentine
Italien / Italienne
Marocain / Marocaine
Belge / Belge
Français / Française
Canadien / Canadienne

b. 🎧 18 Écoutez et répétez.
Combien de nationalités sont au féminin ?

> ### LE FÉMININ DES ADJECTIFS DE NATIONALITÉ
>
> En général, on ajoute **-e** au masculin :
> pakistanais / pakistanais**e**
> Mais il y a des cas particuliers (*voir précis grammatical page 101*) :
>
> — Comment on forme le féminin des adjectifs suivants ?
> *italien / italienne – belge / belge*

6 🎲 Le personnage mystère

Faites deviner un personnage à votre camarade à l'aide des questions suivantes.

- Est-ce qu'il est …(métier) ?
- Est-ce qu'il est …. (nationalité, état civil) ?
- Est-ce qu'il a (âge) ans ?
- Est-ce qu'il habite à … ?
- Est-ce que c'est … ?

> ### POUR POSER DES QUESTIONS AVEC « EST-CE QUE »
>
> - Est-ce que c'est le professeur de français ?
> - Est-ce qu'il est français ?

2 Tous les goûts sont dans la nature

1 Qu'est-ce que vous aimez ?

Regardez les photos. Trouvez un(e) camarade de classe avec les mêmes goûts que vous.

Exemple
– J'aime la neige, et toi ? Moi aussi, j'aime la neige.
– Je n'aime pas les serpents, et toi ? Moi non plus, je n'aime pas les serpents.

Les chats

L'art

Le football

Les serpents

Le théâtre

Les fleurs

La neige

Les crêpes

Les films d'horreur

Le silence

Les araignées

La musique classique

2 Ouvrez vos oreilles !

Écoutez. Répondez par "moi aussi" ou "moi non plus" uniquement si vous êtes d'accord avec les affirmations.

LA FORME NÉGATIVE

À la forme négative, on place **ne** devant le verbe et **pas** derrière :
Je **ne** parle **pas**.
Devant une voyelle ou un « h », **n** devient **n'** :
Je **n'**aime **pas**.

POUR EXPRIMER MES GOÛTS

- J'aime 👍
- J'adore 👍👍
- Je n'aime pas 👎
- Je déteste 👎👎

J'adore les crêpes. **Moi aussi.**
Je n'aime pas les serpents. **Moi non plus.**

Unité 2 26 vingt-six

3 MÉDIATION • Elles adorent !

a. Lisez les textes et présentez à l'oral les goûts de ces personnes.

Natalia adore ...Nous, Francine et Chantal, nous adorons ...

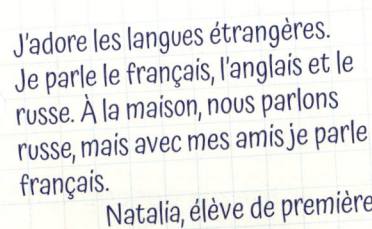

J'adore les langues étrangères. Je parle le français, l'anglais et le russe. À la maison, nous parlons russe, mais avec mes amis je parle français.
Natalia, élève de première

Francine et Chantal adorent parler. Oui, parler et aussi regarder des séries ensemble avec une tasse de café mais elles n'aiment pas les séries violentes, elles détestent ça. Elles préfèrent les séries policières.
Louis, élève de première

LES VERBES EN -ER AU PRÉSENT DE L'INDICATIF

Les verbes en **-er** se conjuguent comme « aimer ».
J'aime, tu aimes, il/elle aime, nous aimons, vous aimez, ils/elles aiment

- Dans quel cas on écrit J' et Je ?
- Conjuguez le verbe «aimer» à la forme négative.

b.  Et vous ?

Vous aimez quelles séries ?
Vous parlez quelles langues étrangères ?

4 Qui est-ce ?

a. Écrivez 5 phrases sur une feuille...

Exemple : J'aime le cinéma, mais je n'aime pas les séries.

b. La classe devine qui a écrit quel texte.

POUR EXPRIMER L'OPPOSITION AVEC « MAIS »

- J'aime les crêpes, **mais** je n'aime pas les crêpes au chocolat.

5  La bataille navale

Conjuguez pour deviner où sont les bateaux de vos camarades. Pour jouer, utilisez : à l'eau/ touché.

MARCHER	DANSER	ÉTUDIER	PARLER	TRAVAILLER
Je marche	Je danse	J'étudie	Je parle	Je travaille
Tu marches	Tu danses	Tu étudies	Tu parles	Tu travailles
Il marche	Elle danse	Il étudie	Il parle	Elle travaille
Nous marchons	Nous dansons	Nous étudions	Nous parlons	Nous travaillons
Vous marchez	Vous dansez	Vous étudiez	Vous parlez	Vous travaillez
Ils marchent	Ils dansent	Elles étudient	Elles parlent	Ils travaillent

3 De la tête aux pieds !

1 Des copains de classe

Regardez l'image et lisez la description de Gigi.

LES PARTIES DU CORPS
• la tête • le front • les cheveux • l'oreille • l'œil/les yeux • le nez • la bouche • le cou • le dos • le bras • la main • le doigt • la jambe • le pied

Gigi
- Intelligent
- Cheveux roux
- Yeux foncés
- Long nez
- Grandes oreilles
- Petit cou
- Il adore l'informatique
- Il déteste les soirées pyjama

> Voici Gigi !
> Gigi est petit et il a les cheveux roux. Il a les yeux foncés, de grandes oreilles et un petit cou.
> Il adore l'informatique et il déteste les soirées pyjama.
> Martin, élève de seconde

Évaluer la production d'un(e) camarade
Apprendre à apprendre
- Je vérifie le genre et la place des adjectifs.
- Je vérifie le lexique des parties du corps.

2 Les copains de Gigi

a. Présentez à l'écrit Juju ou Jojo, les camarades de Gigi.
b. Lisez la production d'un(e) camarade.

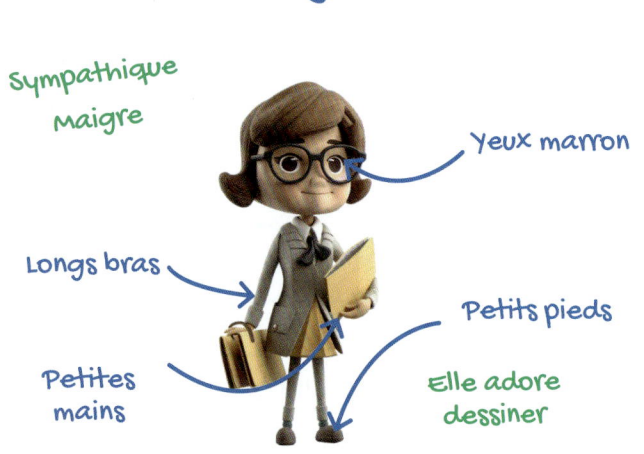

Juju
- Sympathique
- Maigre
- Yeux marron
- Longs bras
- Petits pieds
- Petites mains
- Elle adore dessiner

Jojo
- Gentil
- Cheveux courts
- Grands yeux
- Petite bouche
- Il aime voyager
- Il adore les croissants

Pour mon écrit
✓ J'utilise les adjectifs.
✓ J'utilise les parties du corps.

3 🎧 **²⁰ Ouvrez vos oreilles !**

Levez-vous. Posez la main sur les parties du corps que vous entendez.

4 💬 **N'importe quoi !**

a. À deux, lisez le texte à voix haute. Qu'est-ce que vous remarquez ?

1. Je parle avec la main.
2. Je pleure avec la bouche.
3. Je mange avec les jambes.
4. J'écoute avec les dents.
5. Je marche avec les yeux.
6. J'écris avec les oreilles.

b. Relisez le texte avec les mots à leur place.

5 **Tel animal, tel maître**

a. 🎧 ²¹ Écoutez et associez les descriptions aux photos.

b. Deux photos ne sont pas décrites. Lesquelles ?

c. Décrivez une personne qui n'est pas décrite.

> **LA PLACE DES ADJECTIFS**
>
> • En général : **nom + adjectif**
> *Il a les cheveux **roux**.*
>
> • Avec les adjectifs beau, joli, grand, petit, gros, mauvais, bon : **adjectif + nom** : *Il a un **petit** cou.*
>
> Cherchez les adjectifs dans la description de Gigi. Ils sont où ? Après ou avant le nom ?

6 🎲 **Adjectifs, à vos places !**

Scannez le QR code et jouez !

4 Que des qualités !

1 🎲 **On a du caractère !**

a. 🎧 22 Écoutez les adjectifs et observez les émojis.

b. Fermez vos livres. Vous avez retenu combien d'adjectifs ?

2 Des qualités pour des métiers

a. MÉDIATION • Vérifiez le sens de ces adjectifs avec votre camarade :

rapide, discipliné, sociable, travailleur, dynamique, bavard

b. ▶03 Regardez et écoutez Paul, Hélène, Mickaël et Yvan. Répondez aux questions.

a. Quels adjectifs ils utilisent pour se définir ?
b. Qu'est-ce qu'ils aiment ?
c. D'après vous, qui a les qualités pour les métiers suivants ?
Peintre, vendeur/se, ingénieur(e)automobile, musicien/ne, serveur/se, avocat(e), professeur(e), danseur/se

 timide
 fâché
 fatigué
 pessimiste
 calme
 méchant
 gentil
curieux
 optimiste
content
triste
drôle

CLIC Vous pouvez utiliser un dictionnaire bilingue en ligne comme *https://dictionnaire.reverso.net/*

Paul

Hélène

Mickaël

Yvan

Unité 2 — trente

3 MÉDIATION • Ils sont comment ?

Répondez à l'oral et comparez votre réponse avec un(e) camarade.

Exemple : *Une bonne actrice* → *Pour moi, Charlotte Gainsbourg est une bonne actrice.*

a. Un bon livre
b. Une personne bavarde
c. Un film amusant
d. Un acteur sympathique
e. Une série intéressante
f. Un transport rapide
g. Un beau pays
h. Une musique agréable

LE FÉMININ DES ADJECTIFS

En général : **féminin = masculin + e**
méchant/**e**   bavard/**e**
Cas particuliers :
- **Féminin = masculin**
pessimiste
- **Féminin ≠ masculin**
curieux ≠ curieuse
(*Voir précis grammatical page 101*)

 Retrouvez dans l'activité 1 des adjectifs avec la même forme au féminin et au masculin.

4 Des héroïnes d'exception

Lisez ces extraits de textes et trouvez les adjectifs.

Elles

Elle s'appelle Elle. C'est une fille jeune, équilibrée et bien intégrée dans une bande d'amis quand elle arrive au collège Mercury. Mais Elle n'est pas une fille comme les autres, elle a 5 personnalités différentes. Qui est Elle, vraiment ? Elle, c'est une histoire intense et passionnante.

Kid Toussaint et Aveline Stokart, éditions Le Lombard

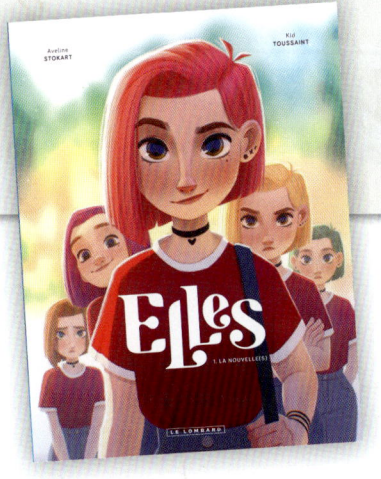

Olympe de Gouges

Cette B.D raconte la vie d'Olympe de Gouges. En 1791, elle demande le droit de vote pour les femmes.
C'est une femme courageuse et révolutionnaire pour son époque.
Cette B.D est très intéressante pour comprendre le contexte historique.

Extrait de l'ouvrage «Olympe de Gouges», de Catel et Bocquet © Casterman
Avec l'aimable autorisation des auteurs et des Editions Casterman

LE SAVEZ-VOUS ?

La B.D (**bande dessinée**) est née en Suisse au XIXe siècle. Après la Belgique et la France, la B.D se développe aujourd'hui dans beaucoup d'autres pays francophones. Les B.D belges sont une référence pour ce 9e art. Quelques B.D cultes : Tintin, Astérix, Lucky Luke, Les Schtroumpfs, Gaston Lagaffe.

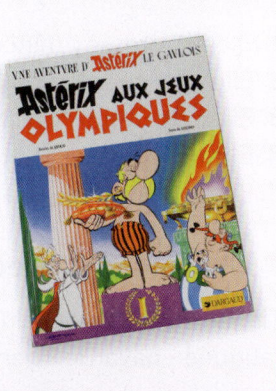

5 Le quiz des personnages francophones

Scannez le QR code et jouez !

Projet — Présentez votre personnage !

1. ▶04 **"Je suis comme je suis".**
   a. Lisez et mémorisez ce poème de Jacques Prévert.
   b. Regardez la vidéo et répondez aux questions.

Je suis comme je suis
Je suis faite comme ça
Quand j'ai envie de rire
Oui je ris aux éclats
J'aime celui qui m'aime
Est-ce ma faute à moi ?
Si ce n'est pas le même
Que j'aime à chaque fois ?
Je suis comme je suis
Je suis faite comme ça
Que voulez-vous de plus
Que voulez-vous de moi

Jacques Prévert
© Éditions Gallimard

1. Choisissez l'adjectif qui correspond à la femme de la vidéo.
1. Elle est grosse / mince.
2. Elle a les cheveux courts / mi-longs.
3. Elle a de petits / grands yeux.
4. Elle a de grosses / petites jambes.
5. Elle a une petite / grande bouche.

2. Choisissez 4 adjectifs pour décrire la femme de la vidéo.
Timide - pessimiste - drôle - méchante - triste - calme - optimiste - fatiguée - bavarde - gentille.

LE SAVEZ-VOUS ?

Jacques Prévert (1900-1977) est un poète français. Il utilise un langage familier et des jeux de mots dans ses poèmes. Son œuvre est très connue et ses poèmes sont appris dans les écoles françaises. Marion Auvin a réalisé la vidéo "Je suis comme je suis" à partir du poème de Jacques Prévert.

2. Qui est qui ?

Associez les textes aux personnages.

a. Bonjour, je m'appelle Loulou et j'habite à Toronto. Je suis étudiante. J'ai 16 ans.
J'adore les B.D mais je n'aime pas les glaces à la pistache.
J'ai de grands yeux et de longs cils.
J'ai une bouche de chat rose.
Je suis petite.
Je suis calme et timide, j'ai peur de rencontrer des gens.

Rose, élève de première

b. Bonjour, je m'appelle Francisquito, j'ai 40 ans et je suis espagnol. Je suis guide touristique. J'adore voyager ! J'aime la mode et j'adore le blanc et le vert. J'ai les cheveux bruns et courts et j'ai aussi une grande moustache. Je suis gentil, sociable et bavard.

Jules, élève de terminale

3. À vous !

Créez votre personnage, imaginez son identité et présentez-le.

D'autres exemples :

CLIC Vous pouvez utiliser une application de création de dessin comme *autodraw* ou créer un avatar avec le logiciel *Pixton* pour dessiner votre personnage.

Pour mon écrit

✓ Je suis cette structure : présentation générale, goûts, description physique et du caractère.
✓ J'utilise les adjectifs et les parties du corps.

On révise ensemble

En binômes ou en groupes, prenez une feuille pour écrire vos réponses. Vous pouvez consulter vos notes si nécessaire.

Apprendre à apprendre — Travailler en collaboration
- Je partage mes connaissances.
- Je révise.
- Je consolide mes apprentissages.
- Je me mets d'accord avec mes camarades pour les réponses.

1 Présentez votre camarade.

2
- Qu'est-ce que vous aimez ?
- Qu'est-ce que vous n'aimez pas ?

3 Conjuguez les verbes « parler » et « aimer » au présent de l'indicatif.

4 Lisez ces phrases avec une intonation affirmative et interrogative.
Vous êtes anglais.
C'est un beau pays.
Tu aimes les B.D.

5 Vous connaissez combien de nationalités ? Citez-les.

6 Mettez ces mots dans l'ordre.
a. tu/est-ce que/créatif/es ?
b. une/belge/c'est/B.D
c. les/a/Gigi/roux/cheveux

7 Formez le féminin de :
rapide, grand, âgé, sympathique.

8 Qui dans votre classe a les yeux bleus ? Des cheveux longs ? Un petit nez ?

9 Citez 5 parties du corps.

10 Citez 5 adjectifs pour une personne et 5 adjectifs pour un animal.

Bilan — Unité 2

1 LIRE

Lisez et répondez aux questions. Vrai ou faux ?

"Aya de Yopougon", une B.D à découvrir

Côte d'Ivoire (Afrique), 1978. C'est les vacances. Aya et ses amies, Adjoua et Bintou, ont 19 ans et vivent des aventures très drôles. Elles ont des personnalités différentes. Adjoua est gentille et Bintou a une forte personnalité.
Aya est maigre, elle n'est pas très grande et elle a de beaux cheveux frisés. Elle est énergique et optimiste. Elle a un rêve : être médecin.
C'est une B.D pleine de surprises et une jolie histoire.

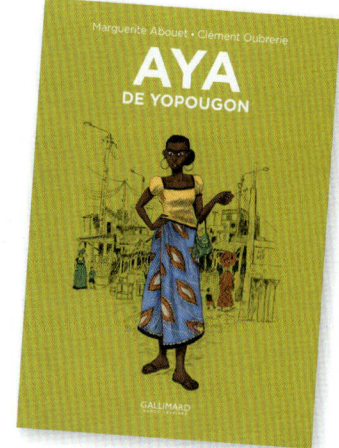

a. Aya, Adjoua et Bintou sont africaines.
b. Aya a 18 ans.
c. Adjoua et Bintou sont gentilles.
d. Aya est grande et maigre.
e. "Aya de Yopougon" est une BD ennuyeuse.
f. Aya a une idée de son futur métier.

2 ÉCOUTER

🎧 23 Écoutez et répondez aux questions.

a. Quel est le sport que Marco déteste ?
b. Quel type de film est-ce que Marco adore ?
c. Qu'est-ce que Leïla ne supporte pas ?
d. Qu'est-ce qu'elle adore ?
e. Elliott aime quels genres de danse ?
f. Qu'est-ce que Elliot aime ?
g. Qu'est-ce que Flavie aime ?
h. Qu'est-ce que Flavie déteste ?

Vrai ou faux ?
i. Ces jeunes parlent de leurs goûts.
j. Marco et Flavie aiment la danse.

3 PARLER

Posez les 5 questions à votre camarade et répondez à tour de rôle pour vous présenter.

1. Qu'est-ce que tu aimes ?
2. Qu'est-ce que tu n'aimes pas ?
3. Comment est ton/ta meilleur(e) ami(e) ?
4. Qui c'est ?
5. Quelle est ta nationalité ?

4 ÉCRIRE

Présentez et décrivez un personnage de B.D francophone. (30 mots)

Pour mon écrit
✓ Je parle de sa profession, de sa nationalité, de ses goûts.
✓ Je décris le personnage : son physique, son caractère.

Unité 3 — Qu'est-ce que c'est ?

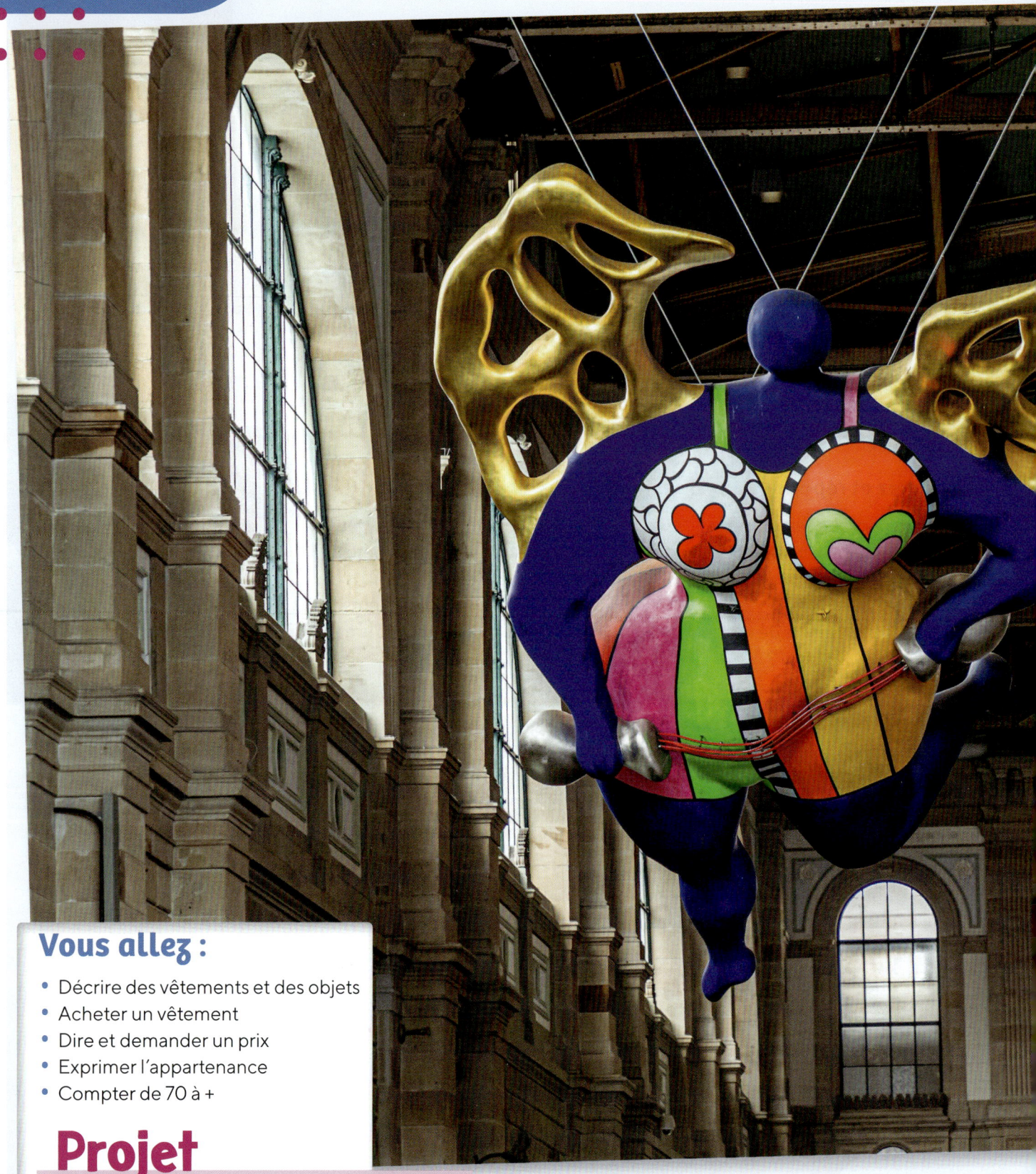

Vous allez :
- Décrire des vêtements et des objets
- Acheter un vêtement
- Dire et demander un prix
- Exprimer l'appartenance
- Compter de 70 à +

Projet
Rédigez et publiez votre annonce !

Cette sculpture est dans la gare de Zurich (Suisse). Elle mesure 11 mètres de haut et elle pèse 1,2 tonnes.

L'Ange protecteur.
**Zurich, Suisse, 1997.
Niki de Saint Phalle**

 LES COULEURS ET VOUS

Discutez avec un(e) camarade et répondez aux questions.

- Quelle est votre couleur préférée ?
- Quelle couleur vous n'aimez pas ?
- Quelles couleurs il y a dans la classe ?
- De quelles couleurs sont vos vêtements ?

1 Observez.

a. Est-ce que vous aimez cette sculpture ? Notez-la de 1 à 10.
b. Retrouvez chaque couleur dans cette œuvre.
bleu, vert, blanc, rouge, orange, noir, rose, jaune, doré
c. Quelles sont les caractéristiques de cette sculpture ?

LE SAVEZ-VOUS ?

La Suisse est un pays francophone. Les langues officielles de ce pays d'Europe sont l'allemand, le français, l'italien et le romanche.

1 Des formes et des couleurs

1 🎲 **Les paires de contraires**

Par deux, retrouvez les contraires. Soyez les plus rapides.

Grand(e)

Rond(e)

Léger/Légère

Court(e)

Cher/Chère

Petit(e)

Long/Longue

Laid(e)

Foncé(e)

Neuf/Neuve

Carré(e)

2 **La boutique du musée**

La boutique du musée Georges Pompidou propose des articles inspirés des tableaux des principaux artistes exposés. Retrouvez les descriptions qui correspondent aux objets inspirés des tableaux de Sonia et Robert Delaunay.

a. Tote bag en coton :
petits modèles : 10 euros
grands modèles : 15 euros
b. Des couleurs claires et foncées :
11, 20 euros la boîte de 10

c. Différents modèles :
25 euros
d. Légers et grands :
diamètre 94 cm
40 euros

LE SAVEZ-VOUS ?

Sonia et Robert Delaunay sont des peintres avant-gardistes du début du XXe siècle. Ils ont travaillé essentiellement sur les couleurs et les formes et ont une grande influence sur l'art moderne.

①
Les crayons de couleur

②
Les parapluies

③
Les sacs

④
Les coques pour téléphones

Vieux/Vieille

Clair(e)

Bon marché

Lourd(e)

Beau/Belle

LE PLURIEL DES NOMS ET DES ADJECTIFS

• En général, au pluriel, on ajoute un **"s"** à la fin du mot singulier.
Un article → *Des article**s***

• Cas particuliers
Un tableau → *Des tableau**x***
Principal → *Princip**aux***
Un prix → *Des prix*

Prononcez : *Les prix sont indiqués en euros.*
Que remarquez-vous sur la prononciation du pluriel ?

3 Devinez !

Regardez les photos et trouvez.

a. Quel animal a de longues oreilles ?
b. Quelle fleur est jaune et blanche ?
c. Quel objet est carré et gris ?
d. Quels objets sont vieux ?
e. Quels objets nous utilisons pour étudier ?
f. Quelles lunettes sont petites et bleues ?

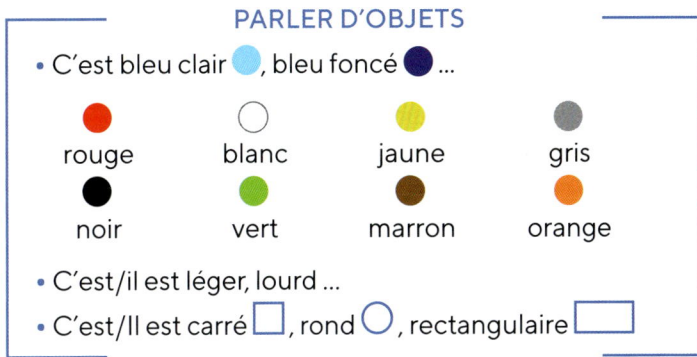

PARLER D'OBJETS

• C'est bleu clair , bleu foncé ...

rouge — blanc — jaune — gris
noir — vert — marron — orange

• C'est/il est léger, lourd ...
• C'est/Il est carré □, rond ○, rectangulaire ▭

Un cochon

Une rose

Des lunettes

Une marguerite

Un cahier

Un lapin

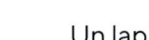
Des lunettes de soleil

Des livres

L'INTERROGATION AVEC QUEL / QUELLE

Quel : masculin singulier   **Quels** : masculin pluriel
Quelle : féminin singulier   **Quelles** : féminin pluriel

Trouvez un exemple de chaque forme de **quel** dans l'exercice 3.

4 🎧 24 **Des sons et des lettres**

a. Écoutez et répétez.

1. Quels objets vous aimez ?
2. Les éléphants sont gris.
3. Elles adorent les animaux.
4. Vous étudiez les adjectifs possessifs.

b. Qu'est-ce que vous remarquez ?

5 **L'objet mystère**

Prenez un papier et en binômes, écrivez une devinette. Vos camarades devinent de quoi il s'agit.

Exemple : *Quel objet est carré et marron ? Une table.*

2 C'est dans mon sac !

1 🎧 25 **À qui sont ces sacs ?**

Écoutez et retrouvez les objets qu'il y a dans le sac à dos d'Isabelle, de Pablo et de Léna.

> **a.** Dans le sac d'Isabelle il y a des clés, un taille-crayon et une gomme bleue et rouge mais il n'y a pas d'écouteurs.

> **b.** Dans le sac de Pablo il y a une pomme, un téléphone portable et un ordinateur mais il n'y a pas de brosse.

> **c.** Dans le sac de Léna il n'y a pas de pomme, mais il y a un stylo, des écouteurs et une trousse orange.

Une trousse

Un ordinateur

Un taille-crayon

Des clés

Des écouteurs

Une brosse

Un téléphone portable

Une pomme

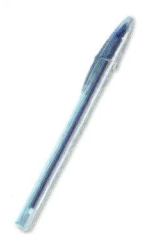
Une gomme

Une calculette

Un stylo

2 💬 **Dans mon sac …**

Indiquez les objets qu'il y a dans votre sac en suivant l'exemple de l'activité 1.

IL Y A / IL N'Y A PAS DE

Pour exprimer la présence ou l'existence d'une chose ou d'une personne, on utilise **Il y a** (au singulier et au pluriel)
Il y a une pomme. **Il y a** des clés.
La forme négative est : **Il n'y a pas** de/d' : **Il n'y a pas** d'écouteurs..

> Comment on dit "il y a" dans votre langue ?

3 🎲 **Le jeu des différences**

Retrouvez les 6 différences.

Sur la photo 1 il y a …
Sur la photo 2 il n'y a pas de …

①

②

Unité 3

4 La foire de la rentrée

Lisez cette affiche et indiquez si les affirmations suivantes sont vraies ou fausses.

Une initiative de nos élèves : "Mon action pour la planète"

FOIRE DE RENTRÉE

Vendez ou échangez vos livres, vos calculettes, votre sac à dos …

Quand ? Le samedi 2 juillet, de 9 h à 20 h.
Où ? Dans votre lycée (salle polyvalente)

Entrée gratuite
Inscription obligatoire
sur notre site
www.foiredelarentree.com

a. La foire de rentrée est une initiative de la ville.
b. À la foire de rentrée, vous ne vendez pas vos objets.
c. À la foire, on trouve du matériel pour l'école.
d. La foire de rentrée est dans votre lycée.
e. Pour s'inscrire, c'est sur Internet.

LES ADJECTIFS POSSESSIFS

On les utilise devant un nom pour exprimer la possession.
- à moi = **mon, ma, mes**
- à toi = **ton, ta, tes**
- à lui, à elle = **son, sa, ses**
- à nous = **notre, nos**
- à vous = **votre, vos**
- à eux, à elles = **leur, leurs**

Ma, ta, sa + voyelle → mon, ton, son
action → **mon action**

Quelle est la différence entre **leur** et **ses** ?
(Voir précis grammatical page 103)

5 Nos années lycée

Faites des phrases, comme dans l'exemple.

C'est Lucia. Voilà son ordinateur, sa trousse, son cahier et son livre.

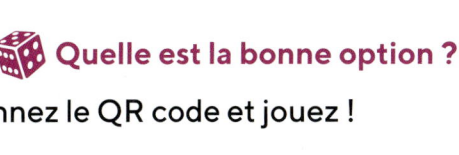

Voilà Pauline : le sac à dos / la salle de classe

C'est nous : la classe / les livres / le professeur

Ce sont Anna, Irène et Yann : le diplôme / le lycée

Voilà Gabin : le sac à dos / une école

6 Quelle est la bonne option ?

Scannez le QR code et jouez !

3 Trop stylé !

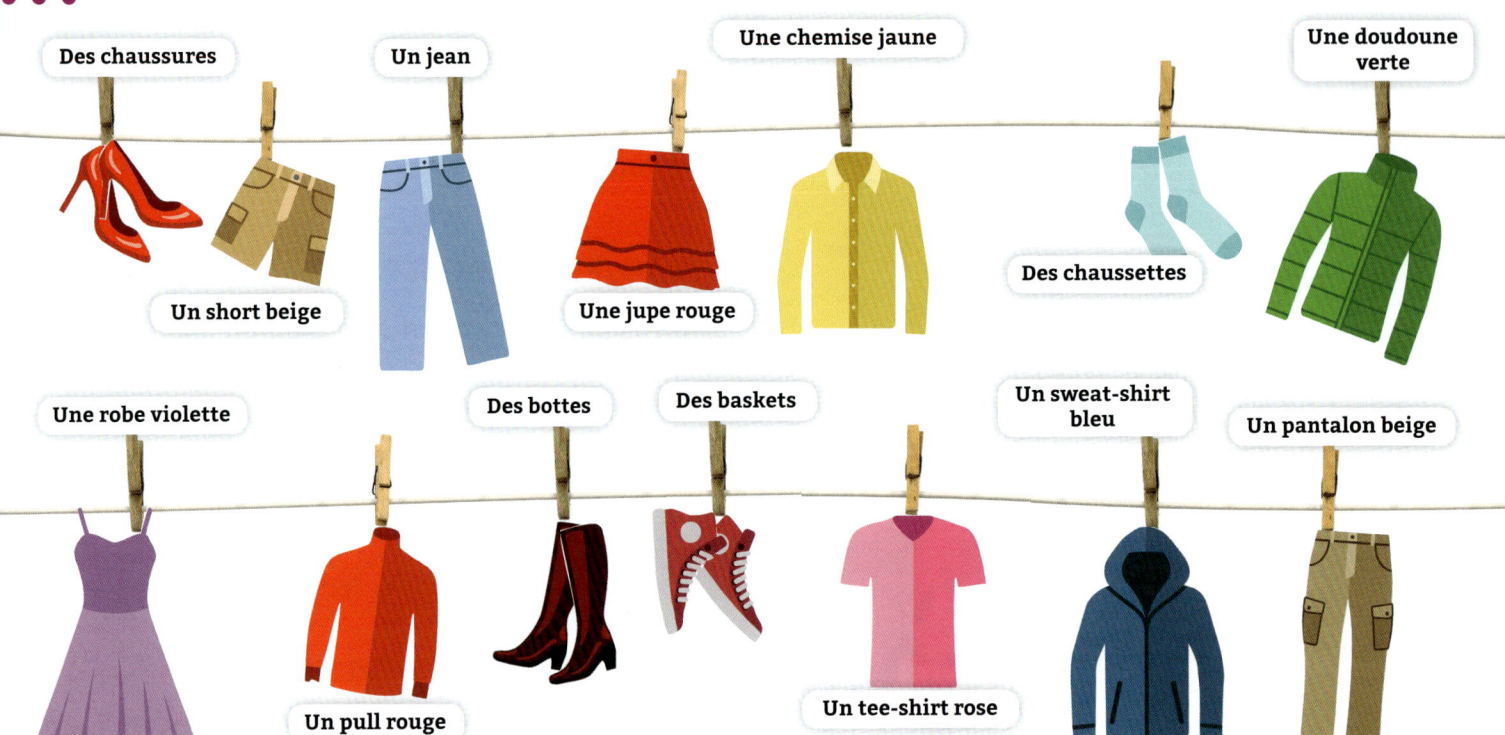

1 🎲 Le loto des vêtements

a. Choisissez 6 vêtements et écrivez leurs noms sur une feuille.

b. Écoutez l'enregistrement. Si l'un des vêtements est cité, entourez le mot. Le premier qui entend tous ses mots a gagné.

LES ADJECTIFS DÉMONSTRATIFS

Au masculin, **ce** ou **cet** (devant une voyelle ou un «h») : **ce** *pull*, **cet** *homme*
Au féminin, **cette** : **cette** *jupe*
Au pluriel, **ces** : **ces** *bottes*

Relevez les adjectifs démonstratifs masculins dans les textes de l'activité 2.

2 Le client est roi

Lisez et indiquez si ces affirmations sont vraies ou fausses.

a. Ces textes sont des opinions sur des vêtements.
b. Lou est satisfaite de l'article.
c. Céleste adore la marque de ce pull.
d. Marion parle de chaussures.

★★★★★ **Super pull !**
Je recommande ce produit.
Ce pull est de très bonne qualité, doux et léger.
J'aime beaucoup cette marque et ces modèles.
Bon rapport qualité-prix
Céleste, Rocamadour, France

★★★★☆ **Baskets confortables**
Je recommande ce produit.
Ces baskets sont légères et très confortables.
Rapport qualité-prix correct
Marion, Saint-Denis, La Réunion

★★☆☆☆ **Horrible !**
Je ne recommande pas cette doudoune.
Elle est trop lourde et trop chère.
Cet article n'est pas de bonne qualité.
Rapport qualité-prix : mauvais
Lou, Comines, Belgique

3  Dans une boutique de vêtements

a. Écoutez, lisez et dites à quelle photo correspond ce dialogue.

A – Bonjour madame, je peux vous aider ?
B – Oui, bonjour. Quel est le prix de ces chaussures, s'il vous plaît ?
A – Elles coûtent 49 euros 50.
B – D'accord, merci. Elles sont très belles ! ... Mais elles sont trop petites ... Vous avez un 39 ?
A – Non, madame, nous n'avons pas le 39 en orange, mais en bleu, oui ...
B – D'accord ... Je ne sais pas ... Je peux essayer ?
A – Bien sûr ! Voilà !
B – Merci beaucoup !

b. Écoutez à nouveau les 3 dialogues et répondez aux questions.

1. Dans quel dialogue le client n'achète pas l'article ?
2. Dans quel dialogue le client demande d'essayer l'article ?
3. Dans quel dialogue il n'y a pas de client ?
4. Dans quel dialogue l'article est trop cher ?

c. Observez les photos et décrivez les objets, les vêtements, et les personnes comme dans l'exemple :

Ces chaussures sont noires, cette fille est contente ...

DANS UN MAGASIN
- Je voudrais / Je cherche
- Quel est le prix de cette robe ?
- Combien ça coûte ?
- Je peux essayer ?
- Je peux vous aider ?

①

②

③

L'INTENSITÉ ET LA QUANTITÉ : BEAUCOUP, TRÈS, TROP

- **Beaucoup** exprime une grande quantité ou intensité :
*Merci **beaucoup** !*
- **Très** + adjectif ou adverbe exprime une grande quantité ou intensité :
*Elles sont **très** belles.*
- **Trop** exprime une quantité excessive :
*Elles sont **trop** petites.*

 Quelle est la différence entre « **beaucoup** » et « **très** » ?

---

4  À vous !

Vous êtes dans une boutique de vêtements. Créez un dialogue entre un client et un vendeur.

Pour mon oral
✓ Je suis le modèle de l'activité 3.
✓ J'utilise très, trop ou beaucoup.
✓ J'utilise des formules de politesse.
✓ J'utilise des adjectifs démonstratifs.

LES FORMULES DE POLITESSE

- Bonjour monsieur / madame
- S'il vous plaît
- Merci
- Au revoir / Bonne journée

4 Mode responsable

1 🎲 Le nombre secret

a. 🎧 28 Écoutez et répétez les nombres.

b. Notez sur une feuille un nombre entre 70 et 100.

Vous devez, à tour de rôle, vous poser des questions avec votre camarade. Le premier qui trouve le nombre secret gagne.

Exemple :
- Est-ce que c'est 70 ?
- Non, c'est plus.
- Est-ce que c'est 75 ?
- Non, c'est moins.
- C'est 72 ?
- Oui !

LE SAVEZ-VOUS ?

En **Suisse** et en **Belgique** on dit septante pour soixante-dix (70) et nonante pour quatre-vingt-dix (90).

LES NOMBRES À PARTIR DE 70

- **70** : soixante-dix
- **71** : soixante et onze
- **72** : soixante-douze
- **73** : soixante-treize
- **80** : quatre-vingts
- **81** : quatre-vingt-un
- **82** : quatre-vingt-deux
- **83** : quatre-vingt-trois …
- **90** : quatre-vingt-dix
- **91** : quatre-vingt-onze
- **92** : quatre-vingt-douze
- **93** : quatre-vingt-treize
- **100** : cent
- **200** : deux cents …
- **1000** : mille
- **1000 000** : 1 million
- **1000 000 000** : 1 milliard

2 🎧 29 Ouvrez vos oreilles !

Continuez les séries. Ajoutez les nombres qui manquent.

3 MÉDIATION • Les textiles et notre planète

Lisez cette infographie et répondez aux questions. Calculez si nécessaire.

a. Qu'est-ce que cette infographie nous montre ? Choisissez la bonne option.
   1. Les conséquences de la production de textiles sur les ressources en eau de notre planète.
   2. La consommation d'eau par personne pour la mode et l'hygiène.

b. Vous portez un jean, un t-shirt et des chaussures. Quelle quantité totale d'eau est nécessaire pour leur fabrication ?

Comprendre une infographie
- Je repère le titre et le thème.
- J'observe les illustrations.
- J'identifie les informations.

L'EAU ET LA FABRICATION DE VÊTEMENTS

Pour fabriquer **1 tee-shirt**
on consomme **2700 l** d'eau
C'est l'équivalent de **70** douches

Pour fabriquer **1 jean**
on consomme **11000 l** d'eau
C'est l'équivalent de **285** douches

Pour fabriquer **1 paire de chaussures en cuir**
on consomme **8000 l** d'eau
C'est l'équivalent de **205** douches

4  **La collecte de vêtements**

a. MÉDIATION • Écoutez les dialogues et complétez ces phrases à l'oral.

- Zoé peut …
- Alex et Léo ne peuvent pas …
- Sarah peut …

b. Avec votre camarade, répétez ces dialogues.

LE SAVEZ-VOUS ?

Avec une **collecte de vêtements**, on peut récupérer de vieux vêtements pour aider des personnes ou la planète. Une association ou une ONG peut s'occuper de donner ou vendre ces vêtements à des prix très économiques.

Dialogue 1
Élève A - Zoé, Tu peux m'aider ?
Élève B - OK !
A - Qu'est-ce que tu apportes pour la collecte de vêtements ?
B - Je peux donner ma robe jaune, mon vieux jean, ma doudoune.

Dialogue 2
Élève A - Coucou Alex et Léo ! Vous pouvez apporter vos vieux vêtements ?
Élève B - Non, nous ne pouvons pas ! Impossible aujourd'hui …

Dialogue 3
Élève A - Alex et Léo peuvent ?
Élève B - Ils peuvent quoi ?
A - Apporter leurs vêtements.
B - Ah ! Non ! Mais Sarah, oui ! Elle peut !
A - Super !!!

5 **Nous parlons de nos vêtements**

Regardez la vidéo et répondez aux questions.

a. Quels vêtements ces jeunes n'aiment pas porter ?
b. Quels accessoires ils ne peuvent pas oublier ?
c. Quels vêtements d'occasion ils portent ?

LE VERBE « POUVOIR » AU PRÉSENT

Je peux, tu peux, il/elle peut, nous pouvons, vous pouvez, ils/elles peuvent

 Quelles formes du verbe « pouvoir » se prononcent de la même façon ?

6 Observez ces photos et répondez aux questions.

a. Quels vêtements portent ces élèves ?
b. Quels sont les points communs ?

7  **Et vous ?**

Avec votre camarade, répondez aux questions de l'activité 5.

Projet — Publiez votre annonce !

1. Lisez à voix haute

a. Lisez ce poème.

Hymne des objets ménagers

Nous sommes objets,
Objets quotidiens.
Sages et rangés,
Satisfaits d'un rien.
On nous époussette,
On se sert de nous.
Lampes, allumettes,
Tapis et bijoux,
Balais et fauteuils,
Rideaux et miroirs,
Objets sans orgueil,
Du matin au soir,
Nous servons les hommes
Très utilement.
Fidèles nous sommes
Tout au long de l'an.

Claude Roy, *La Maison qui s'envole*, Folio Junior, Gallimard, 1977

b. Retrouvez ces objets dans le poème.

c. Quels mots dans ce poème riment avec …

1. objets
2. quotidiens
3. époussette
4. nous
5. fauteuils
6. miroirs
7. hommes

d. En binômes, lisez ce poème (l'élève A lit les éléments en caractères gras et l'élève B le reste). Puis inversez les rôles.

LE SAVEZ-VOUS ?

Claude Roy est un poète, journaliste et écrivain français du XXe siècle. Son œuvre reflète son engagement pour la liberté d'expression.

2. J'achète !

Regardez les annonces avec les objets des élèves de la classe de Terminale. Retrouvez quelle annonce peut convenir à chaque personne.

a. Paul adore les jeux de société. Il ne peut pas dépenser plus de 15 euros.
b. Maud aime les vieux vêtements, elle adore porter les vieux pulls de son père.
c. Alex est fan de portables. Il adore New York.
d. Max est passionné par l'Afrique. Il cherche un objet pour sa chambre.
e. Rose peut dépenser 15 euros. Elle adore les jeux et la décoration.

❶ Jeu de cartes Marvel

Objet : Jeu de cartes
État : Neuf
Couleur : Rouge
Prix : 12 euros
Description : Jeu de cartes avec 300 questions sur les films Marvel. Original et amusant, recommandé aux personnes de plus de 12 ans.

❷ Coque de téléphone

Objet : Coque de téléphone
État : Usé
Couleur : Transparente
Prix : 3 euros
Description : Coque de téléphone transparente avec des souvenirs de New York.

❸ Panier en osier

Objet : Panier en osier
État : Presque neuf
Couleurs : Blanc, noir, rouge et bleu
Prix : 2 euros
Description : Panier du Sénégal pour garder des objets. Il a aussi une fonction décorative.

❹ Sweat-shirt vintage

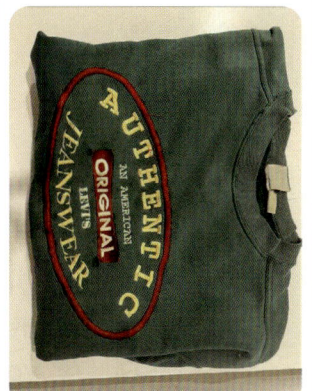

Objet : Sweat-shirt
État : Vieux et très usé
Couleur : Vert foncé, rouge et jaune
Prix : 10 euros
Description : Sweat-shirt vintage, des années 1990. Beaucoup porté. Il a le charme des vêtements authentiques.

3. À vous !

Choisissez un ou deux objets à vendre et rédigez une fiche pour le décrire.

CLIC Vous pouvez utiliser un mur digital comme *Padlet* pour publier toutes les annonces de la classe.

Pour mon écrit
✓ J'utilise le lexique pour parler d'objets.
✓ J'utilise les adjectifs pour décrire.
✓ J'utilise le pluriel des noms et des adjectifs.

On révise ensemble

En binômes ou en groupes, prenez une feuille pour écrire vos réponses. Vous pouvez consulter vos notes si nécessaire.

Travailler en collaboration
- Je partage mes connaissances.
- Je révise.
- Je consolide mes apprentissages.
- Je me mets d'accord avec mes camarades pour les réponses.

1 Citez 5 couleurs.

2 Trouvez 3 adjectifs avec leurs contraires.

3 Décrivez votre sac à dos et votre téléphone portable avec 3 adjectifs.

4 Quel est le pluriel de : "beau", "rapide", "principal" et "prix" ?

5 Décrivez les vêtements et les accessoires que vous portez.

6 Quel est l'adjectif démonstratif pour le féminin pluriel, "cettes" ou "ces" ?

7 Quelle est la différence entre "très" et "trop" ?

8 Imaginez un petit dialogue pour acheter un livre.

9 Complétez avec les adjectifs possessifs.
a. Ils ont des enfants. Ce sont …
b. Elle a une amie. C'est …
c. Vous avez des cahiers. Ce sont …

10 Regardez dans votre sac à dos. Il y a … / Il n'y a pas …

11 Lisez les nombres suivants.
61, 72, 88, 90, 93.

Bilan — Unité 3

1 LIRE

Regardez le tableau et trouvez les personnes.

a. Je marche avec ma mère, je porte une robe blanche et un chapeau.
b. Je regarde un petit bouquet de fleurs.
c. Je mange de l'herbe. Je suis noir.
d. Je regarde le lac. Je porte une robe orange et un chapeau jaune.
e. Je porte une jupe longue et grise et un chapeau avec une fleur rouge.

Un dimanche après-midi à l'île de la Grande Jatte, Georges Seurat (1884)

2 ÉCOUTER

 Écoutez et associez les descriptions aux objets.

3 PARLER

Posez les 5 questions à votre camarade et répondez à tour de rôle pour vous présenter.

1. Qu'est-ce qu'il y a dans ton sac ?
2. Quelle est ta couleur préférée ?
3. À qui est ce livre ? Est-ce que c'est ton livre ?
4. Quel est ton vêtement préféré ?
5. Est-ce que tu peux décrire ce vêtement ?

4 ÉCRIRE

Présentez votre objet préféré. (40 mots)

Pour mon écrit

✓ J'utilise 1 adjectif possessif.
✓ J'utilise 1 adjectif démonstratif.
✓ J'utilise des adjectifs pour décrire l'objet.

Unité 4 — Tu fais quoi ?

« L'heure de tous » est une sculpture composée d'une accumulation d'horloges en bronze située devant la gare Saint Lazare, à Paris.

L'artiste Arman est célèbre pour les accumulations dans ses œuvres.

Vous allez :
- Dire et demander l'heure
- Parler de votre routine
- Parler de vos tâches quotidiennes
- Demander et donner des informations sur une activité
- Poser et répondre à des questions
- Passer et prendre la commande au restaurant

Projet
Créez la B.D de votre routine !

L'heure de tous,
Arman, Paris (1985)

💬 À TOUTE HEURE !

Dialoguez et échangez avec vos camarades.

- Est-ce que vous portez une montre ?
- Où est-ce que vous regardez l'heure ?
- Combien de personnes dans la classe portent une montre ?
- Dans quelles situations c'est important d'être à l'heure ?

1 Observez

a. Vous voyez combien d'horloges ?
b. Où est l'entrée du métro sur la photo ?
c. Où se trouve cette sculpture ?
d. Quelle est la traduction du titre de cette sculpture dans votre langue ?
e. Quelles sculptures en plein air connaissez-vous ?

LE SAVEZ-VOUS ?

Paris est la capitale de la **France**. C'est le pays avec le plus grand nombre de francophones au monde avec 66 millions d'habitants.

1 Quelle heure il est ?

1 🎧 32 **Des heures et des minutes**

Écoutez et associez les dialogues aux images.

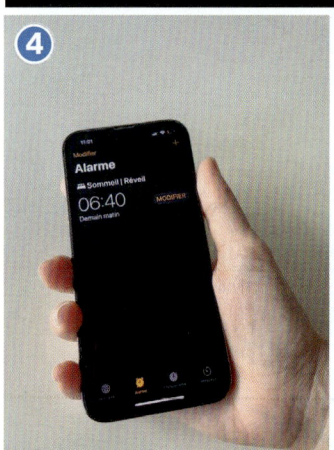

2 💬 **À vos montres !**

Écrivez 5 heures sur une feuille et dictez-les à votre camarade comme dans l'exemple :

2h05

Élève A - Quelle heure il est ?
Élève B - Il est deux heures cinq.
Élève A - Merci.

DIRE ET DEMANDER L'HEURE

• Quelle heure il est ?
Il est deux heures cinq/et quart/et demie…

Midi/Minuit
Moins cinq — Cinq
Moins dix — Dix
Moins le quart — Et quart
Moins vingt — Vingt
Trente-cinq — Vingt-cinq
Et demie

Unité 4 — 52 cinquante-deux

3 La routine de Mathilde

Lisez le texte et mettez dans l'ordre les images de la routine de Mathilde.

> Aujourd'hui, Mathilde fait comme tous les jours ...
> À sept heures et quart, elle se réveille et se lève.
> Elle se douche et elle s'habille.
> À huit heures, elle prend son petit-déjeuner. À neuf heures, elle travaille et à midi, elle déjeune. L'après-midi, elle ne travaille pas. À seize heures, elle est à la maison et à vingt heures, elle dîne.
> Le soir, elle se couche à vingt-trois heures. Demain, c'est le week-end et elle n'a pas de routine.
>
> Ali, élève de Seconde.

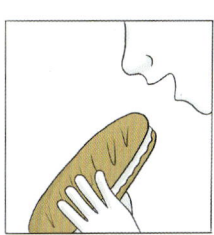
a. Prendre son petit-déjeuner

b. Se coucher

c. Dîner

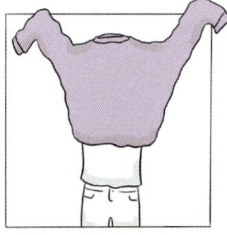
d. S'habiller

e. Se réveiller

f. Se doucher

g. Travailler

h. Déjeuner

LES VERBES PRONOMINAUX

Les verbes pronominaux (comme "se réveiller") ont un pronom. Ce pronom change de forme à chaque personne :
Je **me** réveille, tu **te** réveilles ...
Le pronom se → s' devant "h" ou voyelle : Elle **s'**habille.

 Cherchez les verbes pronominaux dans le texte de l'activité 3.

Mémoriser
- Je conjugue les verbes à voix haute.

4 2 minutes de conjugaison

En groupes, conjuguez des verbes à tour de rôle. Chaque élève conjugue une seule personne et un verbe différent de ses camarades. Attention ! Si un élève répète le même verbe, recommencez la ronde !

Exemple : Je **me** réveille - Tu **te** lèves - Il **se** couche

5 Cherchez et trouvez !

Posez les questions suivantes à vos camarades.

1. À quelle heure est-ce que tu te réveilles le matin ?
2. Est-ce que tu déjeunes à la maison ?
3. Est-ce que tu manges un sandwich le matin ?
4. À quelle heure est-ce que tu déjeunes ?
5. À quelle heure tu te couches ?
6. Est-ce que tu te douches le soir ?
7. À quelle heure est-ce que tu dînes ?
8. Est-ce que tu te réveilles à la même heure le week-end ?

6 MÉDIATION • Avec qui est-ce que vous partagez le plus d'habitudes ?

Exemple : Je partage 3 choses avec Magali. Nous nous levons à 7h, nous ne faisons pas de sport le soir et nous déjeunons à 12h30.

2 Je m'organise

1 Qu'est-ce que vous faites ?

Regardez les images et répondez aux questions.

a. Quelles activités vous faites et vous ne faites pas tous les jours ?
b. Quelles activités vous aimez et vous n'aimez pas faire ?

① Faire le ménage

② Faire la sieste

③ Écouter de la musique

④ Faire les courses

⑤ Faire la cuisine

⑥ Promener votre chien

⑦ Faire votre lit

⑧ Faire vos devoirs

⑨ Vous laver les mains

2 🎧 33 Écoutez et indiquez quelles tâches de l'activité 1 Antoine ne mentionne pas.

3 MÉDIATION • Antoine a des invités

Il est 10h et les invités d'Antoine arrivent à 12h. Complétez son emploi du temps. Vous pouvez vous aider de l'activité 1.

À 10h, Antoine .... À 11h, ... À 11h30, ... À 11h45, ... À 12h il ouvre la porte. Les invités sont là.

LE VERBE « FAIRE » AU PRÉSENT

Le verbe « faire » est irrégulier.
Je fais, tu fais, il/elle fait, nous faisons, vous faites, ils/elles font

 Quelles formes du verbe « faire » ont la même prononciation au présent ?

Unité 4

4 Vous êtes organisé(e) ?

Pour le savoir faites le test. Puis lisez les résultats.

Organisé ou pas ?

1. Vous avez une rédaction à rendre pour demain.
- ■ Oui, c'est exact, la rédaction est dans mon sac à dos.
- ★ Je fais ma rédaction ce soir.
- ● Quoi ? Quelle rédaction ?

2. Vous avez des courses à faire.
- ■ Je fais une liste, je ne veux rien oublier.
- ★ Je ne fais pas de liste, j'ai une bonne mémoire.
- ● Je vais dans les magasins et j'achète ce que je veux.

3. Vous avez rendez-vous demain chez le dentiste.
- ■ Oui, à 12h45. C'est noté sur mon agenda, pas de problème.
- ★ Oui, c'est vrai. À quelle heure ?
- ● Demain ? Je ne peux pas, je vois mes amis.

4. Votre bureau est couvert de papiers et d'objets divers.
- ■ Impossible, je fais le ménage tous les jours.
- ★ C'est vrai, mais je sais où sont les choses.
- ● Oui, mes parents ne font pas le ménage dans ma chambre, c'est normal.

5. Ce soir, vous organisez une fête d'anniversaire.
- ■ Tout est préparé, je fais les courses, Marianne et Sylvie font la cuisine et Hector fait le dessert.
- ★ Oui, je dois vite faire les courses et la cuisine.
- ● Quelle horreur ! Je n'ai pas le temps de préparer !

6. Pourquoi vous faites le ménage ?
- ■ Parce que quand tout est rangé, c'est reposant.
- ★ Parce que c'est une obligation, même si je n'aime pas ça.
- ● C'est une bonne question ! Le désordre c'est mon ordre à moi.

Vous avez une majorité de ■ : Vous êtes perfectionniste et très organisé(e). Vous aimez l'ordre et vous voulez tout contrôler. Vous ne comprenez pas les gens qui ne s'organisent pas bien. Pour vous, c'est essentiel !

Vous avez une majorité de ★ : Vous pensez que la vie est plus facile quand on est organisé(e) mais ce n'est pas toujours facile. Vous faites des listes mais vous ne les suivez pas toujours. Vous faites ce que vous pouvez.

Vous avez une majorité de ● : Vous n'êtes pas un as de l'organisation. Dans votre tête, il y a un ordre très personnel que les autres ne comprennent pas. Vous n'aimez pas ranger, vous oubliez des choses importantes mais vous êtes comme vous êtes. C'est la vie !

---

5  Qui donne les meilleures réponses ?

a. Associez les questions et les réponses de Lola et Judith. En groupes, écrivez 4 questions avec « pourquoi » sur un papier.

b. Passez votre papier à un autre groupe et répondez aux questions que l'on vous pose. Pour chaque question, choisissez la réponse que vous préférez.

> **POURQUOI et PARCE QUE**
>
> **Parce que** répond à la question avec **Pourquoi** interroge sur la cause.
> **Pourquoi** est-ce qu'il y a une fête ?
> **Parce que** c'est mon anniversaire.

- Pourquoi tu te couches à 9h ?
- Pourquoi tu portes une montre ?
- Pourquoi tu restes à la maison ?

- Parce que j'ai un match demain.
- Parce que j'adore ça.
- Parce que je suis fatigué(e).
- Parce que c'est un cadeau de ma grand-mère.
- Parce que j'ai beaucoup de travail.
- Parce que je suis malade.

3 On compte les jours

1 🎲 Le jour mystère

Lisez et trouvez la solution à cette énigme.

Quel jour de la semaine nous sommes ?
Nous ne sommes pas mardi
Nous ne sommes pas mercredi
Demain n'est pas dimanche
Nous ne sommes pas jeudi
Nous ne sommes pas lundi
Hier n'est pas samedi

LES JOURS DE LA SEMAINE

Lundi   Mardi   Mercredi   Jeudi
Vendredi   Samedi   Dimanche

LES DATES ET LES SAISONS

• Mon anniversaire, c'est le 3 juillet.
• Aujourd'hui, nous sommes le 2 avril.
En été ☀️ En automne 🍁
En hiver ❄️ Au printemps 🌸

---

2 Des sons et des lettres

En français, l'accent tonique est souvent sur la voyelle de la dernière syllabe.

a. 🎧 34 Écoutez les jours de la semaine et répétez.

b. Quelle est la syllabe avec l'accent tonique ?

c. 🎧 35 Écoutez et tapez des mains quand vous entendez l'accent tonique sur la dernière syllabe.

3 Des dates importantes

a. Regardez les vidéos et répondez aux questions.

a. Quelles sont les dates de naissance d'Aguibou et de Jessica ?
b. Quelles sont les dates mentionnées par Carla et Michaela ?
c. Quelles sont les dates importantes pour Paul et Hélène ? Pourquoi ?
d. Quels sont les jours préférés d'Oliviera et Inès ? Pourquoi ?
e. Quelles sont les saisons préférées d'Isaac et Joanna ? Pourquoi ?

Isaac

Jessica

Hélène

Joanna

Aguibou

Carla

Michaela

Paul

Inès

Oliviera

b. 💬 Avec votre camarade, posez-vous les mêmes questions que dans les vidéos.

4  **Qu'est-ce qu'on fait ?**

a. Écoutez et lisez ce dialogue avec votre camarade.

b. Regardez cette affiche et trouvez dans le dialogue les 3 informations incorrectes.

Élève A - Qu'est-ce qu'on fait cette semaine ? On va à l'Odyssée des Lumières ou pas ?
Élève B - L'Odyssée des Lumières, qu'est-ce que c'est ?
A - C'est un spectacle de mapping artistique et lumineux.
B - C'est quand ?
A - Cette semaine c'est dimanche 14 avril.
B - À quelle heure ?
A - C'est le matin, à partir de 19h.
B - Ah, super, et c'est où ?
A - C'est à la station de ski Les Saisies, sur la plage.
B - Combien ça coûte ?
A - C'est gratuit !
B - D'accord ! Parfait ! On y va comment ?
A - Je passe te chercher.
B - Génial, merci !

c. Refaites le dialogue à l'oral en le corrigeant grâce aux informations indiquées sur l'affiche.

L'INTERROGATION AVEC QUI, QUE, OÙ, QUAND, COMMENT, COMBIEN

- Personne : **Qui**
- Chose / Objet : **Que/ qu'**
- Lieu : **où**
- Temps : **Quand**
- Manière : **Comment**
- Nombre : **Combien**

(Voir précis grammatical page 104)

5 **On échange !**

a. Choisissez 5 questions dans cette liste et interrogez vos camarades.

1. Qui est ton acteur ou ton actrice préférée ?
2. Combien d'amis tu as ?
3. Qu'est-ce que tu aimes ?
4. Quand est-ce que tu fais tes devoirs ?
5. Est-ce que tu as des animaux ?
6. Qu'est-ce que tu fais cet après-midi ?
7. Tu es habillé(e) comment aujourd'hui ?
8. Pourquoi est-ce que tu apprends le français ?
9. Où est-ce que tu retrouves tes ami(e)s ?

b. MÉDIATION • Qu'est-ce que vous avez appris de nouveau sur vos camarades ?

6 **La roue des questions**

Scannez le QR code et jouez !

LES MOIS DE L'ANNÉE

Janvier	Mai	Septembre
Février	Juin	Octobre
Mars	Juillet	Novembre
Avril	Août	Décembre

4 Vous avez faim ?

1  Miam miam !

a. Regardez les images et dites quels aliments vous aimez et vous n'aimez pas.

 De la salade
 Des œufs
 Des pâtes
 Des frites / Des fruits
 Des légumes
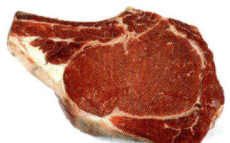 De la viande
Du poisson
Du fromage
 Du jambon
 Du riz
Du pain

b. 🎲 En groupes, associez ces aliments et justifiez votre choix. La classe choisit la meilleure association.

Exemple :
- La viande et les frites parce que c'est mon plat préféré (Axel).
- La viande et le poisson parce que ce sont des protéines (Margaux).
La classe donne 1 point à Margaux parce que sa réponse est un bon argument.

2 Bien manger pour la planète

a. Lisez ces textes avec un(e) camarade.

① – Qu'est-ce que ça veut dire, acheter km 0 ?
– Acheter des produits de proximité et éviter les achats sur internet.

② – Est-ce que manger des fruits exotiques est responsable ?
– Non, parce qu'ils viennent de très loin et que le transport est mauvais pour l'environnement. Par exemple, on ne cultive pas d'ananas dans tous les pays.

③ – De l'eau en bouteille ou de l'eau du robinet ?
– Boire de l'eau du robinet est plus écologique parce qu'on évite la consommation de plastique.

④ – Est-ce qu'on peut manger du poisson toute l'année ?
– Non, il y a des espèces de poissons qu'on ne peut pas manger en hiver par exemple.

b. MÉDIATION • Expliquez à deux ce que ça signifie de bien manger pour la planète.

LE SAVEZ-VOUS ?

Manger des produits de saison, c'est respecter le cycle de la nature, éviter les transports d'un hémisphère à l'autre et le gaspillage d'énergie. Manger de saison contribue à préserver la planète.

Pour mon oral
✓ Je reprends les informations importantes.
✓ J'ajoute ce que je sais sur le sujet.

3. Quels sont les ingrédients ?

Écoutez votre camarade et devinez le plat à partir des ingrédients.

Exemple
Élève A - Dans ce plat, il y a du pain, du jambon et du fromage.
Élève B - Il y a des légumes ?
A - Non, il n'y a pas de légumes.
B - C'est un croque-monsieur !

4. On passe la commande !

a. Associez les photos aux plats du menu du Café des Arts.

b. Quelle entrée, plat, dessert et boisson vous préférez dans ce menu ?

LES ARTICLES PARTITIFS

Les articles partitifs indiquent une quantité indéterminée.
De la + féminin : *de la* viande
De l' + voyelle ou -h : *de l'*eau
Du + masculin singulier : *du* poisson
Des + masculin / féminin pluriel : *des* fruits
À la négation : **Pas de / d'** : *pas d'*ananas

Combien d'articles partitifs pouvez-vous trouver dans l'activité 2 ?

LE CAFÉ DES ARTS
MENU 20 euros

• ENTRÉES
Soupe de carottes
Salade composée
Salade tomate mozzarella

• PLATS
Pâtes à la sauce tomate
Riz aux légumes
Steak frites

• DESSERTS
Yaourt
Mousse au chocolat
Tarte tatin

• BOISSONS
Coca
Eau minérale

❶ ❷ ❸ ❹ ❺

5. Écoutez le dialogue. La cliente commande quels plats ?

POUR COMMANDER AU RESTAURANT
• Vous avez choisi ?
• C'est tout ?
• Je voudrais … en entrée … en plat … en dessert … en boisson.

6. Je prends la commande

Avec votre camarade, prenez la commande au Café des Arts.

7. Des quantités en images

Scannez le QR code et jouez !

Projet : Créez la B.D de votre routine !

1. Lisez à voix haute

a. En groupes, faites une lecture du poème. Faites attention aux pauses, parlez lentement et articulez bien. Soyez créatifs !

b. Changez l'ordre des vers pour transformer ce poème en un poème différent.

[...]
Il y a la nuit
il y a le matin
il y a l'après-midi
et l'après-midi c'est rien.
Il y a le soir aussi
le soir, c'est pas grand-chose
l'apprentissage de la nuit.
La nuit
elle
c'est grand-chose et grand être
la nuit, c'est grand jour déjà
la nuit, c'est l'amour
la nuit, c'est le jour
la nuit, c'est le matin
les heures le disent
hier comme demain.
[...]

Jacques Prévert, Il y a la nuit, Fatras,
© Ed.Gallimard.

LE SAVEZ-VOUS ?

Paris est la capitale de la France. Ses monuments célèbres comme la Tour Eiffel, Notre Dame de Paris ... sont les témoins de son histoire. C'est l'une des villes les plus touristiques au monde.

2. Lisez la B.D de Lucas et indiquez pour chaque affirmation si c'est vrai ou faux.

MES MERCREDIS

8 HEURES, C'EST LE MOMENT DU PETIT-DÉJEUNER !

J'AI FAIM !

JE SUIS À L'ÉCOLE À 9 HEURES POUR MON COURS DE BIOLOGIE.

À MIDI, JE DÉJEUNE AVEC MA GRAND-MÈRE.

L' APRÈS-MIDI, JE RETROUVE MES AMIS POUR FAIRE DU SKATE.

JE FAIS MES DEVOIRS.

JE NE COMPRENDS PAS CETTE QUESTION DE CHIMIE.

C'EST L'HEURE DE DORMIR. IL EST ONZE HEURES.

a. Lucas n'a pas cours le mercredi après-midi.
b. Lucas mange à la cantine du lycée.
c. Lucas fait du skate.
d. Lucas se couche à 23h.
e. Lucas prend son petit-déjeuner à 7h30.

3. À vous !

Créez une B.D pour raconter votre routine quotidienne.

CLIC Vous pouvez utiliser un logiciel de design et de publication en ligne comme *Canva*, *Genially* ou *Book Creator* pour créer votre B.D.

Pour mon écrit

✓ J'utilise 6 vignettes.
✓ J'utilise le vocabulaire de la routine et des moments de la journée.
✓ J'ajoute des bulles avec des commentaires.

On révise ensemble

En binômes ou en groupes, prenez une feuille pour écrire vos réponses. Vous pouvez consulter vos notes si nécessaire.

Apprendre à apprendre

Travailler en collaboration
- Je partage mes connaissances.
- Je révise.
- Je consolide mes apprentissages.
- Je me mets d'accord avec mes camarades pour les réponses.

1 Trouvez 4 verbes pronominaux.

2 Dites les heures.
14h02, 17h45, 11h55, 24h, 13h30.

3 Quelle est la date d'aujourd'hui ?

4 Dites les jours de la semaine en inversant l'ordre.

5 Quels sont les mois de l'année en été ?

6 Prononcez ces mots en insistant sur l'accent tonique.
minuit, dimanche, matin, janvier, week-end, mercredi.

7 Quelles activités vous faites tous les jours ?

8 Trouvez les questions aux réponses suivantes.
- Parce que j'ai faim.
- Parce que nous avons une fête.
- Parce qu'ils sont fatigués.

9 Quels sont les ingrédients pour préparer votre plat préféré ?

10 Qu'est-ce que vous n'aimez pas manger ou boire ?

Unité 4   62   soixante-deux

Bilan — Unité 4

1 ÉCOUTER

🎧 38 Écoutez, associez ces images aux dialogues et dites à quelle heure ces personnes font ces actions.

2 LIRE

Lisez le texte et répondez aux questions. Vrai ou faux ?

Je me lève à 6h du matin, je me douche, je m'habille, je prends mon petit-déjeuner et je me prépare pour partir. À 7h j'arrive chez Brunette, Luna, Joy et Laika. Ce sont des cockers américains. Nous allons ensuite chez Coco, Sushi et Oréo, des cockers aussi, mais noirs, et nous nous promenons dans la campagne. Ils s'entendent bien, ils jouent et ils s'amusent. Nous rentrons à 10h30. L'après-midi je fais la sieste, j'ai besoin de me reposer un peu.

a. Charlotte s'occupe de 7 chiens.
b. Elle commence à travailler à 7h.
c. Les chiens sont tous des cockers américains noirs.
d. Ils se promènent le soir.
e. Charlotte fait la sieste l'après-midi.

3 PARLER

Posez les 5 questions à votre camarade et répondez à tour de rôle pour vous présenter.

1. Où est-ce que tu aimes te promener ?
2. Qui prépare ton petit-déjeuner ?
3. Combien de frères et sœurs tu as ?
4. Comment est-ce que tu aimes t'habiller ?
5. Quand est-ce que tu fais du sport ?

4 ÉCRIRE

Écrivez un dialogue pour demander et donner des informations sur une activité. Inspirez-vous du dialogue de la leçon 3. (60 mots)

Pour mon écrit
✓ J'utilise 5 mots interrogatifs différents.
✓ Je parle de dates et d'heures.

Unité 5 — On va faire quoi ?

Broussaille
Auteur : Frank Pé
Année de création : 1978

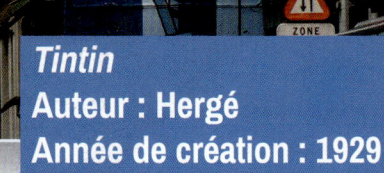

Tintin
Auteur : Hergé
Année de création : 1929

Vous allez :
- Parler de vos loisirs et de vos sorties
- Parler de voyages
- Parler de vos projets
- Dire le temps qu'il fait
- Parler de la famille

Projet
Créez le mur de vos projets !

Astérix et Obélix
Auteurs : René Goscinny et Albert Uderzo
Année de création : 1959

Ces fresques murales se trouvent dans les rues de Bruxelles. Des personnages de B.D (bande dessinée) illustrent ces fresques.

Lucky Luke
Auteur : Morris
Année de création : 1947

💬 QU'EST-CE QUE VOUS PRÉFÉREZ ?

Parlez avec votre camarade.
- Lire ou écouter de la musique ?
- Sports individuels ou sports d'équipe ?
- Mer ou montagne ?
- Ville ou campagne ?
- Films ou séries ?

1 Observez les images et trouvez le personnage.

a. C'est un garçon blond et maigre. Il a de beaux cheveux blonds. Il porte une veste verte.
b. Il a les cheveux noirs et il est rapide. Son chien Rantanplan est toujours avec lui. Il porte un chapeau.
c. Il est petit, blond et très intelligent. Son petit chien est blanc et fidèle à son maître. Il porte un pull bleu.
d. Il est gros et il a un gros nez. Il a toujours faim. Lui et son chien sont inséparables. Il porte un pantalon bleu et blanc.

2 Associez les verbes aux images.

a. Se promener
b. Voler une banque
c. Courir
d. Descendre un escalier

CLIC Allez sur *https://www.parcoursbd.brussels/* et découvrez le parcours B.D à Bruxelles !

LE SAVEZ-VOUS ?

Bruxelles est la capitale de la **Belgique** et c'est aussi le siège des principales institutions européennes. Il y a trois langues officielles en Belgique, le français, le néerlandais et l'allemand.

1 On a du temps libre

1 Ça donne envie !

Observez les affiches et répondez aux questions.

LE PRONOM SUJET « ON »

On (à l'oral)
On a = nous avons
On se conjugue comme « il » et « elle ».

Retrouvez le pronom « on » dans les affiches.

a. Dans quelle affiche on propose …
  1. d'aller au théâtre ?
  2. de jouer au basket ?
  3. de faire de la randonnée en montagne ?

b. Quelle activité …
  1. se passe l'après-midi ?
  2. ne précise pas de date ?
  3. est culturelle ?

c. Faites une phrase sur l'affiche 1 avec le pronom "on".

2 🎧 39 Qui fait quoi ?

a. Écoutez Jessica, Assane et Alba et associez ce qu'ils disent aux activités ci-contre.

b. 💬 Et vous, que faites-vous de votre temps libre ?

Faire du shopping — **FAIRE DE LA NATATION**
FAIRE DU SKI — Passer du temps en famille
ALLER À LA MONTAGNE — *Jouer au tennis*
Jouer du piano
Aller à la plage — **Faire du sport**
Faire du vélo — Aller au cinéma
Jouer aux jeux vidéo

3 💬 MÉDIATION • Les activités de la classe

Mettez en commun avec vos camarades les activités préférées de la classe.

Unité 5

4 La ronde des activités

Utilisez un dé pour conjuguer les verbes.

⚀ = Je ⚁ = Tu ⚂ = Il/Elle ⚃ = Nous ⚄ = Vous ⚅ = Ils/Elles

En binômes et à tour de rôle, faites un maximum de phrases avec les éléments ci-dessous. Attention à ne pas répéter les phrases.

Exemple

⚃ *Nous jouons de la guitare.*   ⚁ *Tu vas à la plage.*

LE VERBE « ALLER » AU PRESENT

Je vais, tu vas, il/elle va, nous allons, vous allez, ils/elles vont

Quelles personnes se conjuguent avec la base de l'infinitif « aller » ?

PARLER D'ACTIVITÉS

- Ils jouent au tennis.
- Elle joue aux jeux vidéo.
- Nous jouons de la guitare.
- Nous faisons de l'équitation.
- Je vais au théâtre.

LES ARTICLES CONTRACTÉS

Devant les prépositions **à** et **de**, les articles définis masculins **le** et **les** se contractent.

à + le → **au**   à + les → **aux**
de + le → **du**   de + les → **des**

Trouvez les articles contractés dans les activités de l'exercice 2.

5 Des sons et des lettres

a. 🎧 40 Écoutez et répétez sans prononcer les "e" muets.

a. Une vie
b. Une rue
c. Une porte
d. Un anniversaire
e. Un voyage
f. Un homme

b. Associez les adjectifs suivants aux noms de l'activité a. Soyez créatifs !...

désert/e – parfait/e – fantastique – ouvert/e – ordinaire – milliardaire

Exemple : *Une porte ouverte, une rue parfaite...*

soixante-sept **67** Unité 5

2 Envie de bouger !

1 Des paysages du monde entier

Regardez les images et répondez.

💬 Quels pays vous avez envie de découvrir ? Pourquoi ?

Exemple
J'ai envie de découvrir le Mexique parce que j'aime la cuisine mexicaine et les vieux monuments. Je parle aussi l'espagnol.

La Tunisie

Le Cambodge

L'Australie

Le Brésil

Les Seychelles

L'Islande

La France

Le Mexique

POUR EXPRIMER LE SOUHAIT

J'ai envie de visiter l'Espagne.

---

2 🎲 En groupes, trouvez un maximum d'informations sur ces pays. Vous obtenez 1 point par information.

LES PRONOMS TONIQUES

On utilise ces pronoms pour insister et pour renforcer le sujet :
moi - toi - lui - elle - nous - vous - eux - elles
Eux, ils ont envie de visiter l'Italie.

3 🎧 41 MÉDIATION • Des envies de voyage

Écoutez ces personnes. Quels pays elles ont envie de visiter ? Avec quels moyens de transport ? Répondez en commençant par les pronoms toniques : *Eux, elle, lui, nous.*

Exemple (doc a)
Eux, ils ont envie de visiter l'Italie. Ils voyagent en train parce que c'est plus écologique.

L'Italie

La Russie

La Turquie

La Tanzanie

LE SAVEZ-VOUS ?

Se déplacer a un impact sur l'environnement. En fonction du moyen de transport utilisé, les émissions de dioxyde de carbone (CO_2) contribuent plus ou moins au réchauffement climatique.

LE VERBE « VOULOIR » AU PRESENT

Je veux, tu veux, il/elle veut, nous voulons, vous voulez, ils/elles veulent

Quelles personnes se conjuguent avec la base de l'infinitif "vouloir" ?

4 Se déplacer de façon responsable

a. Regardez l'infographie et dites si les affirmations suivantes sont vraies ou fausses (justifiez vos réponses).

1. Quand on prend l'avion, notre bilan carbone est très élevé.
2. Quand on se déplace à pied, notre bilan carbone est nul.
3. Le tramway, le métro et le train n'ont pas le même bilan carbone.

b. MÉDIATION • Calculez votre bilan carbone pour une semaine et comparez vos résultats avec vos camarades.

5 Des sons et des lettres

a.  Écoutez et répétez.

A - Tu veux ou tu ne veux pas ?
B - Moi, je veux.
C - Moi, je ne veux pas.
A - Et vous, vous voulez ?
D - Non, nous ne voulons pas.
A - Et eux, ils veulent ?
B - Je ne sais pas.

b. Par groupes de 4, jouez le dialogue.

Le bilan carbone des transports en chiffres

Quantité de CO_2 émise par personne et par kilomètre (en kg)

Vélo ou marche : **0**

Vélo ou trottinette électrique : **0,01**

Bus électrique : **0,02**

TGV (train grande vitesse) : **0,002**

Tramway : **0,03**

Métro ou train : **0,03**

Scooter : **0,08**

Voiture électrique : **0,1**

Bus thermique : **0,11**

Voiture thermique : **0,22**

Avion : **0,23**

3 Quelle belle journée !

1 Quel temps fait-il ?

a. Associez ces mots aux images.

- le vent
- la pluie
- le soleil
- la neige
- l'orage
- l'arc-en-ciel
- la température
- les nuages
- la lune

b. 🎲 **Memory météo.**
Regardez les images pendant 1 minute. Fermez votre livre. Chacun cite à tour de rôle toutes les images.

2 🎧 43 **Ouvrez vos oreilles !**
Écoutez les sons et notez le temps qu'il fait.

3 🎧 44 **Le bulletin météo de la semaine**
Écoutez ce bulletin météo et retrouvez, à partir des illustrations si c'est la météo de Genève ou de Morzine.

DIRE LE TEMPS QU'IL FAIT
- Il y a du soleil/ du vent/ des nuages/ de la pluie/ de la neige
- Il fait beau, il fait mauvais
- Il fait chaud, il fait froid
- Il pleut, il neige

LE SAVEZ-VOUS ?

La météo, c'est le temps qu'il fait aujourd'hui, qu'il va faire demain ...
Le changement climatique est la variation des températures et des conditions météo sur une période très longue. L'activité humaine est l'une des causes principales de ce phénomène.

4 Qu'est-ce qu'on va faire ?

Lisez ces SMS et répondez aux questions.

Salut, Thomas ! Il va pleuvoir demain !

Oui ! Nous n'allons pas pouvoir faire de balade à vélo !

À la maison des jeunes, il y a un atelier vidéo, je crois.

Il va faire mauvais toute la journée ?

Qu'est-ce qu'on va faire, alors ?

Ok, Je vais demander maintenant à Noé ! Il va nous expliquer comment faire pour l'inscription.

a. Qu'est-ce que Célia et Thomas ne vont pas pouvoir faire demain ?
b. Pourquoi il va faire mauvais toute la journée ?
c. Quelle est la proposition de Célia ?
d. Qu'est-ce que Thomas va faire ?

> **SITUER DANS LE TEMPS**
> - Hier, aujourd'hui et demain
> - Maintenant

> **LE FUTUR PROCHE**
>
> **Aller** (au présent) + **infinitif**
> *Il va pleuvoir*
> *Je vais demander à Noé.*
>
> • Cherchez dans les sms de l'activité 4 comment on forme la négation du futur proche.

5 Et vous ? Vous allez faire quoi ?

En binômes, regardez l'affiche de la Maison des Jeunes. Parlez de ce que vous allez faire le 15 mai.

JOURNÉE DÉCOUVERTE — MAISON DES JEUNES — SAMEDI 15 MAI

10h
ATELIER DANSE — ATELIER PHOTO

11h
ATELIER DE BRACELETS BRÉSILIENS — ATELIER DE JONGLAGE

12h
KARAOKÉ — ATELIER CUISINE

PAUSE DÉJEUNER

14h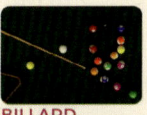
LECTURE DE B.D — BILLARD

15h
CRÉATION DE BOUGIES — CUSTOMISATION DE COQUES DE TÉLÉPHONES

16h
ATELIER CIRQUE — ATELIER VIDÉO

4 C'est de famille !

1 La famille au cinéma

a. Lisez ces résumés de films et associez-les aux affiches.

1. Anna a 34 ans et vit avec son mari, ses deux petits garçons et Simon. Un jour, le père biologique de Simon décide de revoir son fils. Ça va être un moment très difficile pour Anna et toute la famille va souffrir de cette nouvelle situation.

2. Rose est une mère célibataire originaire de Côte d'Ivoire. Elle arrive en France avec ses deux enfants, Jean et Ernest. Elle est très courageuse et va travailler dur pour donner une belle vie à ses enfants. Mais pour cette famille, les choses ne vont pas être faciles.

3. Andréa, la mère de la famille va réunir tous ses enfants et ses petits-enfants pour fêter son anniversaire. Elle ne sait pas que sa fille, Claire, va arriver et va faire une petite surprise à tout le monde. Claire a disparu depuis trois ans et sa réapparition provoque des tensions avec sa mère et ses frères et sœurs.

b. Trouvez dans quels films ...

1. il y a des frères ou des sœurs.
2. le couple accueille un garçon.
3. il y a un conflit entre mère et fille.
4. la famille commence une nouvelle vie.
5. il y a une grand-mère.

2 Regardez les bandes annonces de ces films.

Quel film vous avez envie de voir ? Pourquoi ?

Un petit frère
https://www.youtube.com/watch?v=C_1kpfk-uzo

La vraie famille
https://www.youtube.com/watch?v=sOGz7MIRIG8

Fête de famille
https://www.youtube.com/watch?v=JW_WNzkQnlE

POUR PARLER DE LA FAMILLE

- le père/la mère, les parents
- le grand-père/la grand-mère, les grands-parents
- l'oncle/la tante
- le frère/la sœur
- le fils/la fille
- les petits-enfants
- le cousin/la cousine
- un couple

3 La famille tout écran

a. Regardez cette vidéo sur Internet et présentez la famille de Juliette. Qu'est-ce qu'ils font ?

b. MÉDIATION • Racontez cette journée à partir des amorces proposées.

Juliette habite avec sa famille …
À 9h15, Juliette regarde …
Son père débarrasse la table, fait les tâches ménagères, tombe, téléphone aux pompiers et fait la cuisine.
Sa mère …
Son frère et sa sœur …
Son frère met la table.
À 19h30, Juliette pense qu'elle est sur son téléphone portable depuis …
En vérité, elle est sur son téléphone portable depuis …
Elle demande …

https://www.youtube.com/watch?v=qyqXlKRNn9I

4 Passez le message !

Écrivez un message pour accompagner ces photos, comme dans l'exemple.

Rome (Italie)

1. Lloret de Mar (Espagne)

2. Rabat (Maroc)

> Salut !
> Voilà la photo de la Fontana di Trevi, je suis avec mon père, ma mère et ma sœur.
> Nous sommes à Rome depuis hier.
> C'est une ville magnifique !
> Dans 4 heures, nous prenons un train pour aller à Florence.
> Je pense à toi.
> Bises et à bientôt !
>   Joanna, élève de terminale.

Pour mon écrit
✔ Je présente les membres de ma famille.
✔ J'utilise « depuis » et « dans ».

5 Des verbes pour une destination

Scannez le QR code et jouez !

L'EXPRESSION DU TEMPS avec DEPUIS et DANS

Depuis exprime une durée qui continue aujourd'hui.
Nous sommes à Rome depuis hier.
Dans exprime un moment dans le futur.
Dans 4 heures, nous prenons un train.

Projet

Créez le mur de vos projets !

1. Lecture à voix haute

a. Lisez cet extrait de roman. Repérez les « e » muets et lisez ce texte à tour de rôle.

Le matin, en général, je prends toujours un moment pour écouter de la musique dans ma chambre. La musique joue un très grand rôle dans ma vie. C'est elle qui me permet de supporter… eh bien… ce qu'il y a à supporter : ma sœur, ma mère, le collège, Achille Grand-Fernet, etc. La musique, ce n'est pas qu'un plaisir pour l'oreille comme la gastronomie pour le palais ou la peinture pour les yeux. Si je mets de la musique le matin, ce n'est pas très original : c'est parce que ça donne le ton de la journée.

Muriel Barbery, *L'élégance du hérisson*, Gallimard, collection blanche, page 165, 2006

b. Trouvez les images qui ne correspondent pas au texte.

LE SAVEZ-VOUS ?

Muriel Barbery est une écrivaine française contemporaine. Son roman, *L'élégance du hérisson* a été adapté au cinéma sous le titre *Le hérisson*.

2. Le mur des projets de la classe

Lisez les post-its et classez-les dans les catégories suivantes : sport, études, loisirs, famille et amis.

Les élèves de la classe de Terminale C.

3. À vous !

Créez votre mur de projets de la classe. Lisez et commentez vos projets !

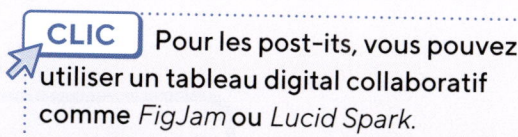

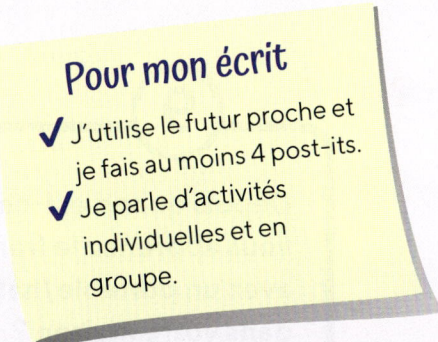

On révise ensemble

En binômes ou en groupes, prenez une feuille pour écrire vos réponses. Vous pouvez consulter vos notes si nécessaire.

Apprendre à apprendre – Travailler en collaboration
- Je partage mes connaissances.
- Je révise.
- Je consolide mes apprentissages.
- Je me mets d'accord avec mes camarades pour les réponses.

1. Qu'est-ce que vous faites pendant votre temps libre ?

2. Quels sont les articles contractés ?

3. Citez 4 moyens de transport du plus rapide au moins rapide.

4. Continuez la série : je/moi, tu/toi …

5. Quel pays vous avez envie de visiter ? Pourquoi ?

6. Conjuguez le verbe « vouloir » au présent.

7. Quel temps il fait aujourd'hui ?

8. Qu'est-ce que vous allez faire après ce cours ?

9. Depuis quand est-ce que vous apprenez le français/avez un portable/habitez dans votre maison ?

10. Citez 8 membres de votre famille.

Bilan — Unité 5

1 LIRE
Regardez l'affiche et répondez aux questions.

1. Citez 5 sports mentionnés dans l'affiche.
2. La maison de la jeunesse propose *(plusieurs réponses possibles)*...
a. des activités sportives
b. des sorties culturelles
c. des activités manuelles et artistiques
d. des activités musicales
3. Vrai ou faux ? Pour s'inscrire, c'est gratuit.
4. Vrai ou faux ? La maison des jeunes est fermée pendant les vacances.

2 ÉCOUTER

 Écoutez Esteban et répondez aux questions.

a. Quels membres de la famille il y a sur la photo ?
b. Dans quel pays ils sont ?
c. Quelle est la saison ?
d. Pourquoi est-ce que Léo aime découvrir des plats typiques ?
e. Quel pays la famille d'Esteban a envie de visiter l'année prochaine ?

3 PARLER
Posez les 5 questions à votre camarade et répondez à tour de rôle pour vous présenter.

1. Tu peux présenter les membres de ta famille ?
2. Quel(s) sport(s) est-ce que tu fais ou tu aimes ?
3. Qu'est-ce que tu vas faire le week-end prochain ?
4. Quels moyens de transport tu utilises ?
5. Quels pays tu as envie de découvrir ?

4 ÉCRIRE

Vous écrivez un SMS à un ami(e) pour lui proposer une activité ensemble ce week-end. (40 mots minimum)

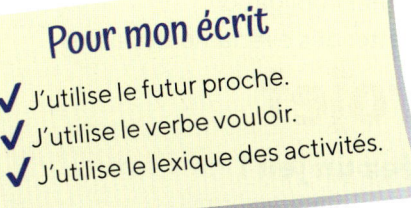

Pour mon écrit
✓ J'utilise le futur proche.
✓ J'utilise le verbe vouloir.
✓ J'utilise le lexique des activités.

Unité 6 C'est où ?

Le jardin Majorelle et la maison bleue, Jacques Majorelle. Marrakech (à partir de 1931)

Vous allez :
- Décrire un lieu
- Demander un itinéraire
- Prendre un rendez-vous
- Exprimer l'obligation
- Raconter des événements passés

Projet
Créez un jeu !

💬 TU HABITES OÙ ?

Posez ces questions à votre camarade.

- Tu habites dans une maison ou dans un appartement ?
- Est-ce que tu as une terrasse ou un balcon ?
- Il y a combien de commerces dans ta rue ?
- Tu habites dans une ville ou dans un village ?
- Quel transport tu utilises pour te déplacer ?
- Est-ce que tu as un jardin ?

1 Observez.

Associez plusieurs mots à cette image. Justifiez votre choix.

- luxueux
- exotique
- traditionnel
- spacieux
- moderne
- lumineux
- coloré

Le jardin Majorelle est un jardin situé au Maroc, à Marrakech. Il s'inspire des oasis et il porte le nom de son fondateur, l'artiste peintre Jacques Majorelle. Le jardin a été restauré par l'ethnobotaniste Abderrazak Benchaâbane, en 1999. Aujourd'hui, cet espace comprend le musée du couturier Yves Saint-Laurent et le musée des arts berbères.

LE SAVEZ-VOUS ?

C'est en **Afrique** qu'il y a le plus grand nombre de francophones dans le monde. Ces francophones se trouvent en République démocratique du Congo, en Algérie, au Maroc, en Côte d'Ivoire, en Tunisie ….

1 À la maison

1 **Trouvez le coupable !**

Quelqu'un a caché une boîte de chocolats et peut-être tout mangé.
Le premier joueur qui répond à ces questions gagne la partie.
- Qui est le coupable ?
- Où est cachée la boîte ? Dans quelle pièce ? Sous quel meuble ?

Les personnages :
La grand-mère, le père, la sœur, le petit frère

Les meubles :
La table, la chaise, le lit, l'armoire, le canapé, la baignoire.

> **Règle du jeu**
> Prenez un dé et désignez un maître du jeu. Chaque joueur prend un trombone ou une gomme en guise de jeton.
> Le maître du jeu écrit sur un papier le nom du coupable, le meuble et la pièce de la cachette.
> Avec le dé, déplacez-vous dans les pièces de la maison et posez les questions au maître du jeu, à tour de rôle.

① **LA CUISINE**

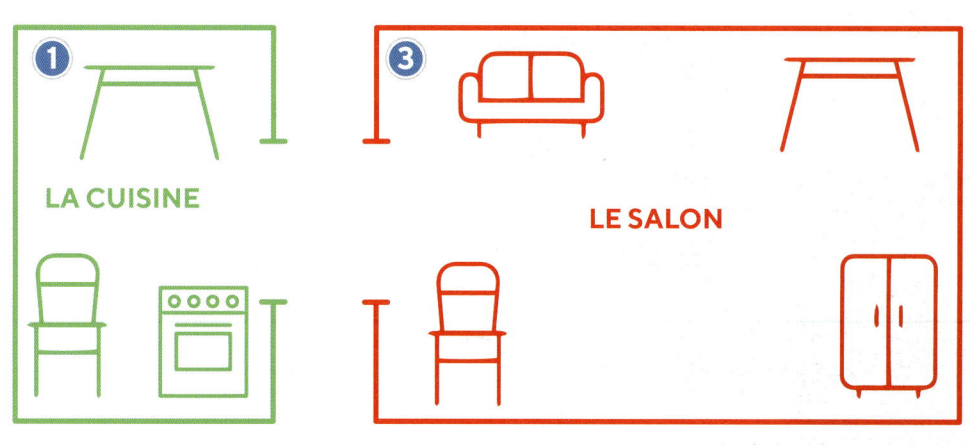
③ **LE SALON**

⑥ **LA SALLE DE BAINS**

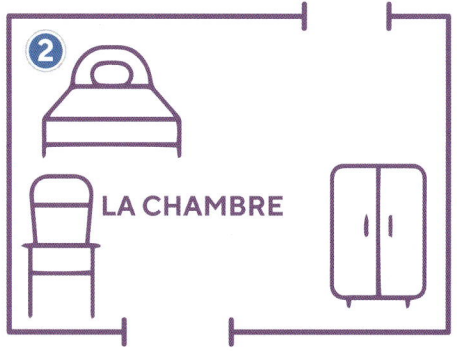
② **LA CHAMBRE**

④ **L'ENTRÉE**

⑤ **LE BUREAU**

POUR JOUER
- C'est la grand-mère ?
- Non, ce n'est pas la grand-mère.
- Non, c'est faux.
- La boîte est dans la salle à manger sous la table ?
- Oui, le meuble est une table.
- Oui, la pièce est la salle à manger.

> **LA PRÉPOSITION DANS**
>
> **Dans** situe une chose/personne à l'intérieur d'un lieu.
> *La boîte est **dans** le placard, **dans** la cuisine.*

Unité 6 — quatre vingt

2. Ouvrez vos oreilles !

a. Écoutez et identifiez pour chaque dialogue la pièce de la maison.

b. Fermez votre livre et en groupes, trouvez le plus de meubles possible.

POUR SITUER
- Ici/Là-bas

 une armoire
 une baignoire
 des chaises
 un lit
 des étagères
 un fauteuil
 un canapé
 une lampe
 une table
 un tapis
 un placard

3. Qu'est-ce qu'il faut faire ?

a. Écoutez et associez les images aux dialogues.

b. Choisissez les meubles/objets qu'il faut mettre dans la maison de l'exercice 1.

Exemple :
Il faut mettre une lampe dans le salon.

① Est-ce qu'il faut mettre cette plante dans la salle de bains ? — Non ! Il faut la mettre dans le salon.

② déplacer

③ ranger

④ mettre

L'EXPRESSION DE L'OBLIGATION

Il faut + infinitif
***Il faut** ranger.*

4. Des sons et des lettres

a. Écoutez et répétez ces phrases avec la même intonation.

b. Lisez ces phrases à votre camarade. Il/Elle dit si c'est une affirmation ou une exclamation.

1. C'est une grande maison.
2. La cuisine mesure 150 mètres carrés.
3. Votre appartement a 6 pièces.
4. Chez tes parents il n'y a pas de plantes.
5. Il faut mettre le vase dans le salon.

quatre-vingt-un **81** Unité 6

2 De quoi vous avez besoin ?

1 🗨 **Je fais les courses**

Regardez les images et dites ce qu'on peut trouver dans ces magasins.

La crèmerie-fromagerie

La papeterie

La pharmacie

La poissonnerie

La boulangerie

La boucherie-charcuterie

L'épicerie

POUR EXPRIMER LA NÉCESSITÉ
- J'ai besoin d'un kilo de pommes.

2 🎧 49 **Ouvrez vos oreilles !**

Écoutez et dites dans quel commerce ces personnes peuvent aller.

3 🎧 50 **Benoît découvre la ville**

Écoutez et tracez les itinéraires indiqués sur le plan avec le doigt.

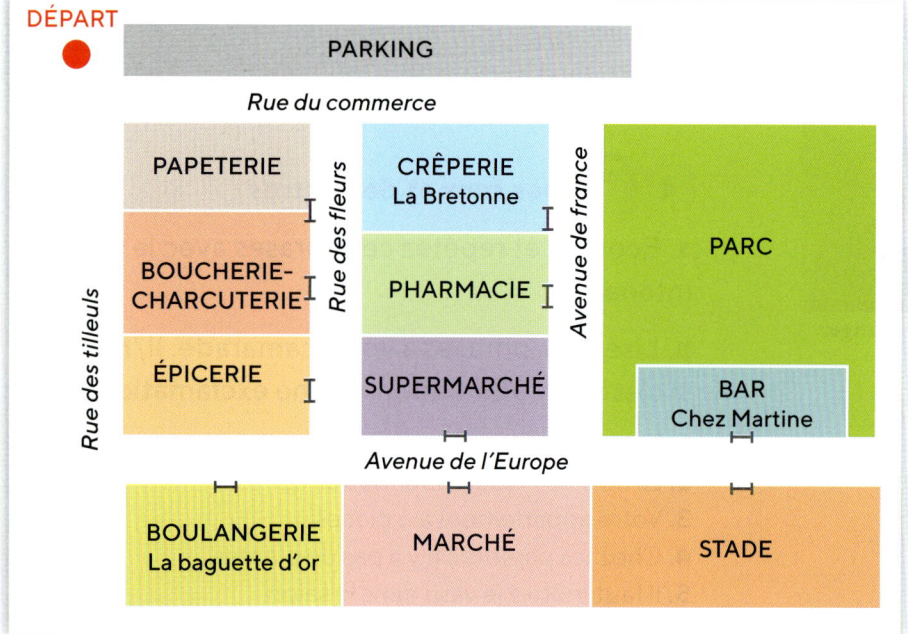

L'IMPÉRATIF

On utilise l'impératif pour donner des ordres ou des indications.
Tourne ! Tournez ! Tournons !

Dans quelles situations on peut utiliser l'impératif ?

POUR DÉCRIRE UN ITINÉRAIRE
- Tourne/Tournez à droite
  à gauche
- Va/Allez tout droit
- Prends/Prenez la première/ deuxième rue
- À côté de

Unité 6 — 82 — quatre-vingt-deux

4 MÉDIATION • Je cherche ...

À partir du plan de l'activité 3, expliquez à un(e) camarade l'itinéraire pour aller à l'endroit de son choix.

5 Consommer local est impératif !

a. En groupes, observez cette affiche et répondez aux questions.

1. Qu'est-ce que l'image représente ?
2. Quels pictogrammes vous pouvez voir ?
3. Quel est le thème de cette affiche ?
4. Quel est le slogan de l'affiche ?
5. Quels sont les verbes à l'impératif ?

b. MÉDIATION • Présentez l'affiche à l'oral.

Interpréter un document graphique
- J'observe l'image.
- Je repère le slogan.
- J'identifie le thème.

6 Notre ville au positif

En groupes, créez une affiche pour soutenir le commerce local. Soyez imaginatifs ! Voici quelques verbes pour vous aider.

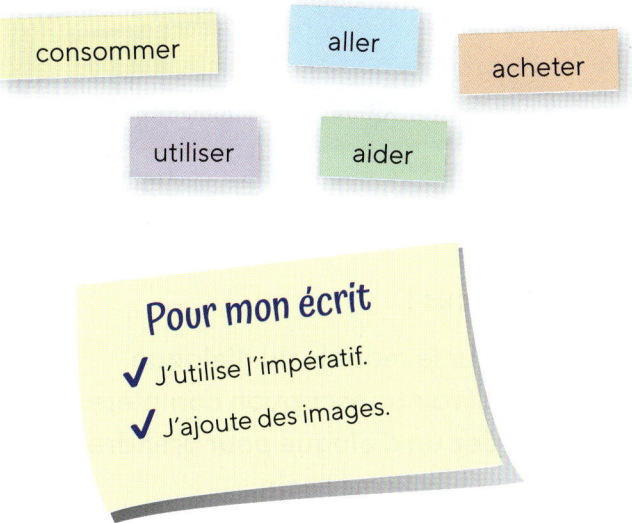

consommer / aller / acheter / utiliser / aider

Pour mon écrit
✓ J'utilise l'impératif.
✓ J'ajoute des images.

POUR PRÉSENTER L'AFFICHE
- Sur cette affiche on peut voir ...
- Le thème de cette affiche est ...

LE SAVEZ-VOUS ?

Consommer dans les **commerces de proximité** diminue la pollution, favorise le contact humain et génère de l'emploi.

CLIC Vous pouvez utiliser des éditeurs d'images comme *Simplified* ou *Canva*.

3 À votre service !

1 Des services pour tous

Associez les actions suivantes aux services illustrés par les photos. Vous obtenez 1 point si votre phrase est correcte.

Prendre le train – soigner une maladie – réparer son vélo – réparer ses chaussures – faire recoudre ses vêtements – se faire couper les cheveux – lire un livre – aller voir une œuvre d'art.

Exemple
Je dois couper mes cheveux, alors je vais chez le coiffeur.

LE VERBE DEVOIR AU PRÉSENT

Je dois, tu dois, il/elle doit, nous devons, vous devez, ils/elles doivent

 Dans quel cas on utilise le verbe « devoir » et « il faut » pour exprimer l'obligation ?

À la gare

À la bibliothèque

Chez le cordonnier

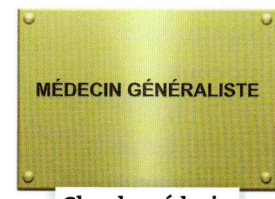
Chez le médecin

À l'atelier de couture

Au musée

Chez le réparateur de vélos

Chez le coiffeur

2  Prenons rendez-vous !

Écoutez, ce dialogue et répondez aux questions. Vrai ou faux ?

a. Crea'Tif est le nom du salon de coiffure.
b. Le coiffeur propose un rendez-vous la semaine prochaine.
c. La cliente n'est pas disponible vendredi.
d. Le salon n'ouvre pas les samedis après-midi.
e. La cliente doit confirmer le rendez-vous au coiffeur.

3  À vous !

En binômes, sur le modèle du dialogue de l'activité 2 (voir transcription complète page 121), créez un dialogue pour prendre rendez-vous chez le médecin.

> Extrait du dialogue
> [...]
> *Coiffeur* : D'accord, madame. C'est pour quoi ? Vous devez couper ou faire une couleur ?
> *Cliente* ; Je dois couper mes cheveux.
> [...]
> *Cliente* : Je ne sais pas encore... On doit me confirmer un autre rendez-vous ...Je vous rappelle plus tard.
> [...]

PRENDRE ET DONNER RENDEZ-VOUS

- Je voudrais un rendez-vous.
- Désolé madame, c'est impossible.
- À 9h15, ça vous convient ?

4 MÉDIATION • Acheter ou ne pas acheter ?

Observez cette affiche et répondez.

Quelles questions de la méthode BISOU doivent se poser ces personnes ?

a. Dorian veut acheter un sweatshirt très bon marché. Il est fabriqué dans un pays situé très loin.
b. Marie a envie d'un vélo électrique. Elle habite à 10km du centre-ville.
c. Antoine a envie d'acheter les nouvelles baskets de sa marque préférée. Il a déjà 4 paires de chaussures.

La méthode BISOU
pour se poser les bonnes questions avant d'acheter !

B esoin : Est-ce que j'ai besoin d'acheter ça ?

I mmédiat : Est-ce que je peux attendre pour acheter ça ?

S emblable : Est-ce que j'ai un objet identique ?

O rigine : Où est-ce que cet objet est fabriqué ?

U tile : Combien de fois est-ce que je vais utiliser cet objet ?

D'après MtaTerre

LE SAVEZ-VOUS ?

Allonger la durée de vie d'un objet, c'est à dire **réutiliser** ou **réparer** un objet au lieu de remplacer ou jeter, c'est bon pour la planète et pour notre porte-monnaie.
Ne pas remplacer un ordinateur portable de 3 ans qui marche, permet une économie de 112 €/an et de 21,6 kg de CO_2 par an.

5 📹08 Les bonnes questions

Regardez cette vidéo sur Internet*, lisez les questions et choisissez la réponse correcte.

1. Les jeunes filles veulent …
a. réparer leur téléphone.
b. des conseils pour acheter un nouveau téléphone.

2. L'homme …
a. est un vendeur.
b. n'est pas un vendeur.

3. L'homme conseille …
a. un téléphone d'occasion.
b. un modèle neuf.

4. Cette vidéo est une publicité pour …
a. se poser des questions avant d'acheter.
b. demander les bons conseils pour bien acheter.

* https://www.youtube.com/watch?v=7wjlBC5wwg4

Comprendre la globalité d'un document audiovisuel authentique

• J'observe les images et j'identifie le type de document et le thème.

• Je repère les éléments pour répondre aux questions posées, sans chercher une compréhension détaillée.

4 On a fait le tour du monde

[Carte du monde avec les pays : Canada, Groënland, Europe, Russie, États-Unis, Royaume-Uni, France, Finlande, Italie, Chine, Mexique, Arabie Saoudite, Inde, Maroc, Égypte, Amérique, Pérou, Afrique, Kenya, Argentine, Océan Atlantique, Océan Indien, Océan Austral, Antarctique]

1  **Ouvrez vos oreilles !**
Écoutez et suivez les deux itinéraires sur la carte avec votre doigt.

2 En binômes, imaginez un itinéraire et faites-le deviner à votre camarade.

LES PRÉPOSITIONS DE PAYS

• **Au + pays masculins**
Au Canada
• **Aux + pays pluriels**
Aux États-Unis
• **En + pays féminins**
En France

Unité 6 86 quatre-vingt-six

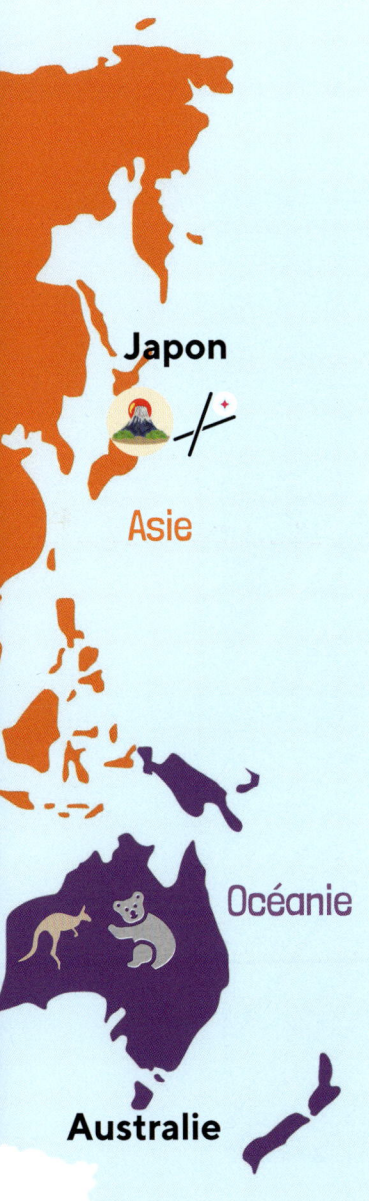

3 Quel(s) pays ?

a. 💬 Lisez ce texte et, en groupes, retrouvez le pays qui correspond à chaque phrase.

b. Dans quelles phrases …

a. On parle d'activités physiques ?
b. On cite des monuments ?
c. On fait référence à l'Asie ?
d. On fait référence à la nature ?
e. On parle de cuisine ?

> 1. J'ai mangé du couscous.
> 2. J'ai visité des pyramides.
> 3. Je suis allé au Taj Mahal.
> 4. J'ai parlé français.
> 5. J'ai rencontré des moines bouddhistes.
> 6. J'ai mangé du guacamole.
> 7. J'ai chanté "God Save the King".
> 8. J'ai fait de l'ikebana.
> 9. J'ai visité le Grand Canyon.
> 10. J'ai fait de la motoneige.
> 11. J'ai escaladé l'Everest.
> 12. J'ai rencontré des ours blancs.
>
> Louis, élève de Première

4 Nos voyages à nous

En groupe, écrivez un texte en suivant le modèle de l'activité 3.

5 🎧 53 Mes souvenirs de vacances

Écoutez les souvenirs du voyage de Julien en Guadeloupe et répondez aux questions.

a. Quand est-ce qu'il est allé en Guadeloupe ?
b. Combien d'îles il a visité en Guadeloupe ?
c. Qu'est-ce qu'il a fait à la plage ?
d. Quels animaux il a vu ?
e. Qu'est-ce qu'il a mangé ?

LE PASSÉ COMPOSÉ

Pour raconter des actions au passé
AVOIR ou ÊTRE au présent + participe passé
Avec « avoir » : **J'ai mangé** du couscous.
Avec « être » : **Je suis allé** au Taj Mahal.

Conjuguez les verbes « aller » et « faire » au passé composé.

---

6 🎲 Notre aventure du A1

Scannez le QR code et jouez !

Projet — Créez votre jeu !

1. 💬 Lisez à voix haute

a. Lisez ce poème.

b. Suivez les instructions et créez un poème dadaïste.

Pour faire un poème dadaïste

Prenez un journal.

Prenez des ciseaux.

Choisissez dans ce journal un article ayant la longueur que vous comptez donner à votre poème.

Découpez l'article.

Découpez ensuite avec soin chacun des mots qui forment cet article et mettez-le dans un sac.

Agitez doucement.

Sortez ensuite chaque coupure l'une après l'autre dans l'ordre où elles ont quitté le sac. Copiez consciencieusement.

Le poème vous ressemblera.

Et vous voilà «un écrivain infiniment original et d'une sensibilité charmante, encore qu'incomprise du vulgaire».

Pour faire un poème dadaïste, Tristan Tzara, 1916

LE SAVEZ-VOUS ?

Tristan Tzara est un poète et écrivain roumain francophone du XXᵉ siècle. Il participe aux principaux mouvements littéraires de son époque : le dadaïsme et le surréalisme. Pour les dadaïstes, le monde est géré par le hasard. Ce poème joue avec le hasard et l'absurdité.

Portrait de Tristan Tzara, Robert Delaunay, 1923.

2. Les jeux de révision

Voici les jeux de révision de l'année créés par les groupes de la classe.

Dites quel jeu travaille les points suivants.

a. les verbes **b.** la communication **c.** la grammaire **d.** le lexique

1. Le tabou

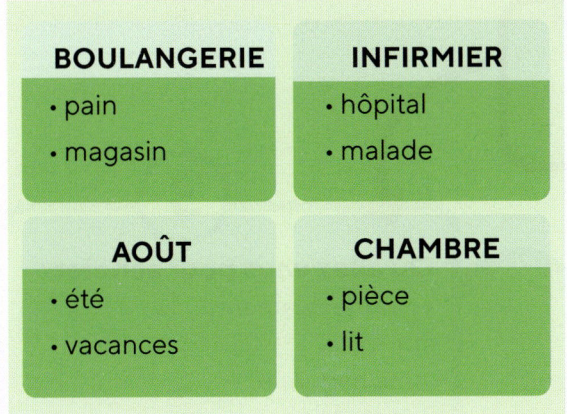

2. Le trivial

3. Le jeu de l'oie

4. Le domino

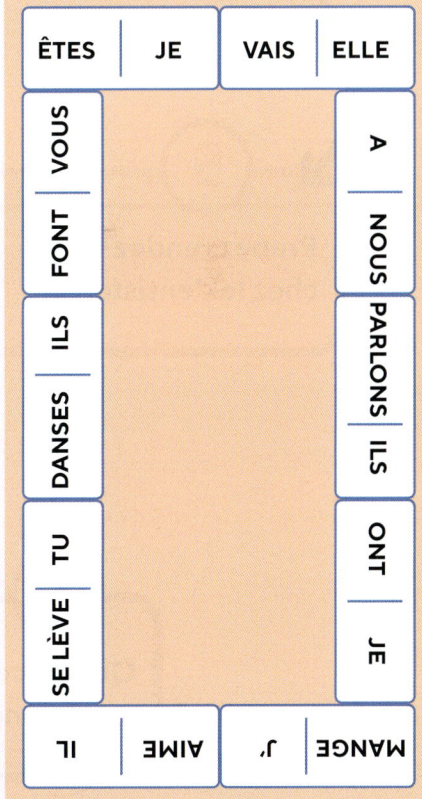

3. À vous !

a. En groupes, créez un jeu pour réviser les contenus de l'année.

b. Jouez et révisez !

CLIC Vous pouvez aussi utiliser des modèles de diapositives comme *slidesmania* ou *slidesgo* et les imprimer.

On révise ensemble

En binômes ou en groupes, prenez une feuille pour écrire vos réponses. Vous pouvez consulter vos notes si nécessaire.

Travailler en collaboration
- Je partage mes connaissances.
- Je révise.
- Je consolide mes apprentissages.
- Je me mets d'accord avec mes camarades pour les réponses.

1 Quels objets/meubles il y a dans votre chambre ?

2 Conjuguez le verbe « devoir » au présent.

3 Où allez vous pour acheter :
- des médicaments
- un steak
- une baguette
- des sardines
- une salade
- du fromage

4 Indiquez le chemin pour aller de l'endroit où vous êtes à la boulangerie.

5 Prenez rendez-vous chez le dentiste.

6 Comment on exprime l'obligation en français ?

7 Complétez avec les prépositions.
- ... Chine
- ... Portugal
- ... Japon
- ... Philippines
- ... Inde
- ... Pays Bas

8 Qu'est-ce que vous avez mangé ce matin ?

9 Où est-ce que vous êtes allé(e) en vacances ?

Unité 6 — 90 quatre-vingt-dix

Bilan — Unité 6

1 LIRE

Regardez ces annonces et dites quel appartement convient à chaque personne.

Cayenne Bel appartement en centre-ville ★★★ 👍
Cayenne   Indiquer sur la carte
1 chambre 1 salle de bains 1 cuisine-salon

Très agréable **8,7**
24 expériences
1 nuit, 1 adulte
100 euros
Complet aux dates demandées

Cayenne Grand appartement dans un quartier tranquille ★ 👎
Cayenne   Indiquer sur la carte
2 km du centre-ville
3 chambres 2 salles de bains 1 cuisine 1 salon
N'accepte pas les animaux

Bien **6,2**
13 expériences
1 nuit, 1 adulte
180 euros
Voir les disponibilités

a. Pour moi, c'est important d'être au centre-ville.
b. J'ai un petit chien.
c. J'ai besoin d'un endroit calme.
d. Nous sommes 2 adultes et 3 enfants.
e. Mes dates sont flexibles.

2 ÉCOUTER

a. Quelle phrase correspond au dialogue ?

a. Un patient demande un rendez-vous chez un docteur mais tout est occupé.
b. Un patient demande un rendez-vous chez un docteur et la seule date disponible est au mois de mai.
c. Un patient ne peut pas avoir de rendez-vous chez le docteur parce qu'il n'y a pas de dates disponibles.

b. Répondez aux questions.

a. Est-ce que c'est la première fois que le patient va chez le docteur Leroy ?
c. Quelle est la première date et la première heure proposée par la secrétaire ?
d. Quelle date est-ce que le patient accepte ?
e. Quel est le nom et le prénom du patient ?

3 PARLER

Posez les 5 questions à votre camarade et répondez à tour de rôle pour vous présenter.

1. Comment est ta maison idéale ?
2. Quels sont les commerces à côté de chez toi ?
3. Quel est ton dernier voyage ?
4. Quel est le chemin pour aller de chez toi à la gare ?
5. Qu'est-ce que tu as fait hier ?

4 ÉCRIRE

Vous avez fait un voyage avec votre classe. Écrivez un article pour le site internet de votre lycée. (60 mots)

Pour mon écrit
✓ Je dis où je suis allé(e).
✓ Je parle des activités et des visites.
✓ J'utilise le passé composé.

Annexes

- **Entraînement au DELF A1** .... p. 94
- **Précis grammatical** .... p. 100
- **Tableaux de conjugaison** .... p. 106
- **Lexique** .... p. 110
- **Transcriptions** .... p. 113

Entraînement au DELF A1

Entraînement 1

COMPRÉHENSION DE L'ORAL

1. 🎧 55 Votre ami Assane vous envoie ce message audio. Lisez les questions. Écoutez le document puis répondez.

1. Assane vous parle de …
   a. l'exposé d'histoire.
   b. votre sortie au cinéma.
   c. l'horaire des transports.
2. Quand est-ce que vous vous retrouvez ?
   a. Aujourd'hui.
   b. Demain.
   c. Ce matin.
3. À quelle heure vous vous retrouvez ?
   a. À 8h30.
   b. À 9h45.
   c. À 8h15.
4. Qu'est-ce que vous devez apporter ?
   a. Les photos pour l'oral.
   b. Les textes pour l'oral.
   c. Les documents pour l'oral.

2. 🎧 56 Vous allez entendre 4 petits dialogues. Ils correspondent à 4 situations différentes. Associez chaque dialogue à une photo. Attention, il y a 6 images mais 4 dialogues seulement !

PRODUCTION ORALE

a. Entretien dirigé

Répondez aux questions suivantes.

- Quel est votre nom ? Comment ça s'écrit ?
- Vous avez combien de frères et sœurs ?
- Vous habitez loin d'ici ?

b. Échange d'informations

Posez des questions à l'aide des mots écrits sur les étiquettes.

| Prénom ? | Âge ? | Aimer ? | Sport ? | Heure ? | Livre ? |

COMPRÉHENSION ÉCRITE

1 Lisez ce message et répondez aux questions.

> Coucou Clément !
> Voilà plus de détails pour la fête d'anniversaire de Leïla. C'est demain soir à partir de 19h mais on doit tout organiser. Aujourd'hui, on se retrouve chez moi à 14h pour tout préparer et faire le gâteau. Est-ce que tu as le dernier Just Dance ? Comme Leïla adore danser, je pense qu'elle va aimer ! Martin et Karim ne peuvent pas venir avant 17h, ils vont acheter le cadeau. Tu as des idées ?
> Camille

1. Pourquoi Camille écrit à Clément ?
   a. Pour l'inviter à sa fête d'anniversaire.
   b. Pour donner des informations sur la fête de Leïla.
   c. Pour lui demander d'acheter un cadeau.
2. Qu'est-ce que Leïla aime ?

a.

b.

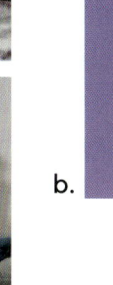
c.

3. Il faut tout préparer ...
   a. aujourd'hui.   b. demain.   c. à 19h.
4. Qu'est-ce que Clément et Camille vont faire ?

a.

b.

c.

5. Qu'est-ce que Martin et Karim vont faire ?
   a. Décorer le salon.
   b. Acheter le cadeau.
   c. Préparer un gateau.

2 Vous lisez cet article dans un journal francophone. Répondez aux questions.

Ça dit quoi ? Le nouveau podcast pour les 15-25 ans.

France info, la radio d'information en continu, a lancé un podcast d'information pour les 15-25 ans. Du lundi au vendredi, ce podcast est publié tous les matins à 7 heures. Le journaliste Léo Tescher résume l'actualité de la journée en 5 minutes. Les sujets sont variés : International, politique, sport, culture ...

Vous pouvez écouter "Ça dit quoi" sur l'application "Radio France", les plateformes de podcast et la page web franceinfo.fr.

1. "Ça dit quoi" est ...
   a. une émission de radio.
   b. un podcast d'actualité.
   c. un nouveau programme d'informations sur internet.
2. "Ça dit quoi" est pour ...
   a. les jeunes.
   b. tout le monde.
   c. les enfants.
3. "Ça dit quoi" parle ...

a.

b.

c.

4. "Ça dit quoi" est publié ...
   a. Tous les jours.
   b. Toutes les 5 minutes.
   c. Tous les jours sauf le samedi et le dimanche.
5. Où est-ce qu'on peut écouter "Ça dit quoi" ?
   a. Sur la page web de la radio.
   b. Sur l'application France Medias.
   c. Sur Youtube.

PRODUCTION ÉCRITE

Vous êtes étudiant(e). Vous faites un séjour Erasmus en Belgique. Vous remplissez un formulaire au secrétariat de l'université avec vos informations personnelles : nom, prénom, date de naissance, nationalité, adresse, n° de téléphone, courriel, langues parlées, dates de votre séjour Erasmus.

Entraînement au DELF A1

Entraînement 2

COMPRÉHENSION DE L'ORAL

1. 🎧 57 Vous écoutez cette annonce à la radio. Lisez les questions. Écoutez le document, puis répondez aux questions.

1. Vous pouvez gagner des places pour …
   a.    b.    c.

2. L'événement est le …
   a. 8 juillet.   b. 15 juillet.   c. 18 juin.

3. Vous pouvez gagner combien de places ?
   a. 15.   b. 11.   c. 21.

4. Pour participer, il faut répondre par …
   a.   b.    c.

2. 🎧 58 Votre amie Marie vous laisse ce message vocal. Lisez les questions. Écoutez le document, puis répondez.

1. Marie …
   a. n'est pas à l'heure.
   b. a oublié les entrées.
   c. ne peut pas venir au cinéma.

2. Vous devez …
   a. retrouver Marie chez elle.
   b. acheter les entrées.
   c. aller chercher Marie.

3. Vous avez rendez-vous à …
   a. 10h30.   b. 8h30.   c. 18h30.

4. Marie vous invite …
   a. à dîner.   b. au cinéma.   c. au concert.

COMPRÉHENSION ÉCRITE

1. Vous êtes en France, à Saint-Malo. Vous lisez cette affiche dans votre école. Répondez aux questions.

1. Qu'est-ce que la ville organise ?
   a. Une compétition de sports pour les étudiants.
   b. Un repas pour les étudiants.
   c. Une journée avec des activités pour les étudiants.

2. Qu'est-ce qu'on vous donne à 19h ?
   a.    b.    c.

3. À quelle heure commence la randonnée à bicyclette ?
   a. À 12h.
   b. À 14h.
   c. À 19h.

4. Comment on peut s'inscrire ?
   a. On peut scanner le QR code.
   b. On peut aller à la mairie de la ville.
   c. Sur la page web indiquée.

2 Vous lisez cet article sur le site web de Nausicaá. Répondez aux questions.

L'aquarium Nausicaá

Avec près de 60 000 animaux marins, des poissons, des requins, des méduses … Nausicaá est l'un des aquariums les plus grands du monde et le plus grand d'Europe. C'est aussi un centre de découverte de la mer et des océans.

Depuis son inauguration le 18 mai 1991, vingt millions de personnes ont visité Nausicaá, à Boulogne-sur-Mer, en France.

Cette année, la nouvelle exposition temporaire Océan, propose du 11 février au 15 juin une expérience immersive unique en Europe, avec un film projeté à 360°.

1. Nausicaá est …
   a. en Amérique.   b. en Europe.   c. en Océanie.
2. Combien de visiteurs sont allés à Nausicaá ?
   a. 20 millions.   b. 60 000.   c. 1991.
3. Cette année, Nausicaá propose …
   a. l'exposition Océan.
   b. une immersion en mer.
   c. un film unique.
4. À Nausicaa on peut voir …

a.   b.   c.

5. Quel jour commence l'exposition Océan ?
   a. Le 15 juin.
   b. Le 11 février.
   c. Le 18 mai.

PRODUCTION ORALE

a. Échange d'informations

Posez des questions à l'aide des mots écrits sur les étiquettes.

| métier ? | couleur ? | week-end ? | manger ? | chat ? | e-mail ? |

b. Dialogue simulé

Vous voulez acheter un cadeau pour votre ami(e). Vous posez des questions au vendeur. Vous choisissez et vous payez.

a.   b.   c.   d.

PRODUCTION ÉCRITE

Vous organisez une fête pour votre anniversaire. Vous envoyez un message pour inviter vos amis français. Vous donnez des informations sur le jour, l'heure, le lieu, et les choses à apporter. (40 mots minimum)

Entraînement au DELF A1

Entraînement 3

COMPRÉHENSION DE L'ORAL

1 🎧59 On vous laisse ce message sur votre messagerie. Lisez les questions. Écoutez le document, puis répondez.

1. On vous appelle pour …
   a. annuler un rendez-vous.
   b. changer un rendez-vous.
   c. confirmer un rendez-vous.
2. Ce rendez-vous est …
   a. chez le coiffeur.
   b. chez le dentiste.
   c. chez le médecin.
3. Vous avez rendez-vous le …
   a. 3 décembre.
   b. 23 décembre.
   c. 31 décembre.
4. On vous propose …
   a. une promotion spéciale pour les clients.
   b. un cadeau pour les fêtes de fin d'année.
   c. une place de parking pour garer votre voiture.

2 🎧60 Vous allez entendre un message. Indiquez les aliments cités.

COMPRÉHENSION ÉCRITE

1 Vous recevez ce message de votre amie française, Florine. Répondez aux questions.

1. Qui vous invite ?
   a. Votre amie Florine.
   b. Les parents de Florine.
   c. Florine, son père et son grand-père.
2. L'invitation est pour …
   a. fêter des anniversaires.
   b. une fête de famille.
   c. un mariage.
3. La fête a lieu …
   a. au mois de novembre.
   b. au mois d'octobre.
   c. au mois de décembre.
4. Quel cadeau vous pouvez offrir ?

a. b. c.

5. Vous devez confirmer par …

a. b. c.

2. Vous étudiez en France. Vous lisez ces annonces sur le panneau d'affichage de votre université. Répondez aux questions.

Chambre à louer
Une chambre de 11 m² disponible pour une durée de 3 mois du 24 janvier au 22 avril. Appartement à partager avec 2 étudiants.
parislocation@immo.fr

Cours d'art oratoire et d'expression orale
Professeur de français retraité. Préparation pour exposés oraux, prises de parole ...
Disponible les mercredis et vendredis de 17h à 20h.
30€/ heure
benjamin.oral@cours.fr

Au pair
Famille avec 2 enfants de 5 et 7 ans cherche un(e) étudiant(e) au pair dans leur domicile de Paris 7ème pour s'occuper des enfants, à partir de 16h.
Chambre individuelle.
Durée : de septembre à mai.
Tel: 0145996718

Vélo électrique à vendre
Vélo de ville électrique, design moderne et confortable. Modèle 230 Sparta C-Grid Ultra. En parfait état. Révisé par nos professionnels. Vendu avec chargeur. 600€
Tel: 0168734512

Ouverture de la cafétéria Campus
2, rue Santeuil
Nous ouvrons le 3 octobre. Avec l'achat d'un petit-déjeuner, profitez d'une promotion spéciale réservée aux étudiants de l'université. Offre valable uniquement le jour de l'ouverture.

1. Quels jours il y a des cours d'expression orale ?
   a. De mercredi à vendredi.
   b. Le mercredi et le vendredi.
   c. Tous les jours sauf le mercredi et le vendredi.
2. Combien coûte le vélo électrique ?
   a. 600 euros.   b. 230 euros.   c. 1250 euros.
3. Qui propose une réduction du prix ?
   a. La boutique de vélos.
   b. Le professeur de français.
   c. La cafétéria.
4. Qui propose un travail aux étudiants ?
   a. La famille.
   b. Le professeur de français.
   c. La cafétéria.
5. Quand est-ce que vous pouvez louer une chambre ?
   a. De septembre à mai.
   b. De janvier à avril.
   c. Deux mois pendant l'année universitaire.

PRODUCTION ORALE

a. Entretien dirigé

Répondez aux questions suivantes.
- Quels membres de votre famille habitent avec vous ?
- Quelles activités vous faites le week-end ?
- Quel sport vous pratiquez ?

b. Dialogue simulé

Vous êtes en vacances en France dans un camping. Vous posez des questions à l'employé pour choisir une activité (type, prix...) Vous choisissez une activité.

PRODUCTION ÉCRITE

Vous êtes en vacances. Vous écrivez un message à vos grands-parents pour raconter ce que vous faites et le temps qu'il fait. (40 mots minimum)

Entraînement au DELF A1

Précis grammatical A1

Unité 1

■ LES ARTICLES INDÉFINIS

• **Les articles indéfinis UN, UNE, DES** indiquent le genre du nom (masculin, féminin) et le nombre du nom (singulier, pluriel).
Un piano (masculin singulier) ; *Une guitare* (féminin singulier)
Des pianos (masculin pluriel) ; *Des guitares* (féminin pluriel)
Un *éléphant est dans* **un** *zoo.* (C'est un éléphant que l'on n'identifie pas. Il se trouve dans un zoo indéfini).

• **À la forme négative :**
un, une, des   →   **pas de, d'**
J'ai des amis.   →   *Je n'ai **pas d'**amis.*

■ LES ARTICLES DÉFINIS

• **Les articles définis LE, LA, L', LES** indiquent le genre du nom (masculin, féminin) et le nombre du nom (singulier, pluriel).
Le chocolat (masculin singulier) ; *L' objectif* (masculin singulier)
La rue (féminin singulier) ; *L'école* (féminin singulier)
Des restaurants (masculin pluriel) ; *Des tomates* (féminin pluriel)

L'animal est dans le zoo. (On identifie cet animal. On parle d'un lieu connu et identifiable).

■ LE FÉMININ DES MÉTIERS

En général, on forme les noms de de métiers au féminin de la façon suivante :

Nom de métier masculin + **-e** = Nom de métier au féminin	
Un avocat	Une avocat**e**
Un commerçant	Une commerçant**e**
Nom de métier masculin terminé par **-e** = Nom de métier au féminin	
Un dentiste	Une dentist**e**
Un pilote	Une pilot**e**
Nom de métier masculin terminé par **-eur** = Nom de métier terminé par **-euse** au féminin	
Un chant**eur**	Une chant**euse**
Un jou**eur** de tennis	Une jou**euse** de tennis
Nom de métier masculin terminé par **-teur** = Nom de métier terminé par **-trice** au féminin	
Un ac**teur**	Une ac**trice**
Un agricul**teur**	Une agricul**trice**
Nom de métier masculin terminé par **-er** = Nom de métier terminé par **-ère** au féminin	
Un polici**er**	Une polici**ère**
Un boulang**er**	Une boulang**ère**
Nom de métier masculin terminé par **-ien** = Nom de métier terminé par **-ienne** au féminin	
Un informatic**ien**	Une informatic**ienne**
Un chirurg**ien**	Une chirurg**ienne**

La féminisation des noms de métiers est récente et la langue est en évolution permanente.
Certains métiers féminisés peuvent présenter plusieurs formes. Par exemple : *Sophie est auteur / autrice.*

Unité 2

■ C'EST/IL EST

Pour identifier et présenter une personne ou une chose, on utilise selon les cas **C'est** ou **Il est**.
Leur forme varie en fonction du genre et du nombre : c'est, ce sont, il est, elle est, ils sont, elles sont.
C'est Marie + nom propre
C'est une amie + article + nom
C'est mon professeur + adjectif possessif + nom
Il/Elle est sympathique + adjectif qualificatif.
Il/Elle est vendeur + nom de métier (Attention, pas d'article !)
Il/Elle est français + adjectif (nationalité)

■ LE FÉMININ DES ADJECTIFS DE NATIONALITÉ

En général, pour le féminin des adjectifs de nationalité, on ajoute **-e** au masculin.

- **Nationalité au masculin + -e = Nationalité au féminin**
Il est américain. → *Elle est américaine.*

- **Nationalité au masculin terminé par -e = Nationalité au féminin**
Il est belge. → *Elle est belge.*

- **Nationalité au masculin terminé par -ien = Nationalité au féminin + ne**
Il est chilien. → *Elle est chilienne.*

Les adjectifs de nationalité qui se terminent par **-e** se prononcent de la même façon au masculin et au féminin.
Quelques nationalités comme : espagnol, espagnole, grec, grecque, turc, turque ne s'écrivent pas de la même façon mais se prononcent de la même façon.

■ L'INTERROGATION AVEC "EST-CE QUE"

Pour poser une question où on attend la réponse "oui" ou "non" on utilise **"Est-ce que"** en début de phrase.
Est-ce que c'est le professeur de français ? Oui/ Non

- **Est-ce qu'** + a, e, i, o u et h.
Est-ce qu'il est français ? Est-ce qu'Anne est présente?

À l'oral, on peut formuler une question, sans **"Est-ce que"** en début de phrase et en montant l'intonation à la fin de la phrase.
Tu es français ? Vous parlez français ?

■ LA FORME NÉGATIVE

La forme négative comprend 2 éléments : **ne/n'** et **pas**.
Ne/n' + verbe + **pas**
*Je **ne** parle **pas** chinois.*
N'+ a, e, i o, u, y, h
*Je **n'**aime **pas** le chocolat.*
À l'oral, dans un registre familier, il est fréquent d'utiliser 1 seul élément : **pas**
*J'aime **pas** le chocolat.*

■ LE FÉMININ DES ADJECTIFS

- **En général : Féminin = Masculin + e**
bavard/e, grand/e ...

- **Féminin = Masculin terminés en -e**
sympathique, triste, pessimiste, calme, timide ...

Précis grammatical A1

- **Féminin vs Masculin**

La finale du féminin peut présenter une forme différente du masculin, variable selon la terminaison de l'adjectif masculin.

Le masculin terminé en …	Le féminin est	Exemples	
-el	-elle	Il est natur**el**	Elle est natur**elle**
-er	-ère	Il est lég**er**	Elle est lég**ère**
-et	-ète, ette	Il est inqui**et**	Elle est inqui**ète**
-eur	-euse	Il est travaill**eur**	Elle est travaill**euse**
-x	-se	Il est curieu**x**	Elle est curieu**se**
-f	-ve	Il est sport**if**	Elle est sport**ive**
-on	-onne	Il est b**on**	Elle est b**onne**
-teur	-trice, teuse	Il est observa**teur**	Elle est observa**trice**

Cas particuliers :
beau/belle, blanc/blanche, doux/douce, faux/fausse, gentil/gentille, gros/grosse, long/longue, nouveau/nouvelle, roux/rousse, vieux/vieille …

Unité 3

■ LE PLURIEL DES NOMS ET DES ADJECTIFS

En général, pour indiquer le pluriel des noms et des adjectifs, on ajoute un **-s** à la fin du mot singulier.
Un article → *Des article**s***

- **Les mots terminés en -au, -eau, -eu forment leur pluriel en x.**
Un tableau → *Des tableau**x***

- **Les mots terminés en -al forment leur pluriel en aux.**
Principal → *Princip**aux***
Certains mots en **-al** n'ont pas un pluriel en **aux** :
un festival → *des festiv**als***

- **Les mots terminés en s, x, z sont invariables.**
Un prix → *Des prix*

On ne prononce pas la marque du pluriel des noms, mais on fait la liaison avec les déterminants.
*Le**s** amis de me**s** amis.*

■ L'INTERROGATION AVEC QUEL

On utilise **Quel + nom** pour demander des informations sur ce nom.
***Quel** sport tu aimes ?*
quel, quelle, quels, quelles s'accorde avec le nom.

	Masculin	Féminin
Singulier	**Quel** sport tu aimes ?	**Quelle** musique tu aimes ?
Pluriel	**Quels** animaux tu aimes ?	**Quelles** activités tu aimes ?

On fait la liaison entre Quels / Quelles + nom qui commence par une voyelle ou -h.
*Quelle**s** amies viennent à la fête ?*

■ LES ADJECTIFS POSSESSIFS

Ils indiquent la possession. Ils changent en fonction de la personne ou de l'objet (genre et nombre) et de la personne qui possède (moi, toi ...)

Genre et nombre / Personnes	Masculin singulier	Féminin singulier	Masculin et Féminin singulier
À moi (Je)	**Mon** livre	**Ma** classe	**Mes** professeurs
À toi (Tu)	**Ton** livre	**Ta** classe	**Tes** professeurs
À lui (Il) À elle (Elle)	**Son** livre	**Sa** classe	**Ses** professeurs
À nous (Nous)	**Notre** livre/classe		**Nos** professeurs
À vous (Vous)	**Votre** livre/classe		**Vos** professeurs
À eux (Ils) À elles (Elles)	**Leur** livre/classe		**Leurs** professeurs

ma, **ta**, **sa** + mot féminin qui commence par a, e, i, o, u ou h → **mon ton son**
Ma école → Mon école
Ta action → Ton action
On fait la liaison entre **mon, ton, son, ses, nos, vos, leurs** + nom
Nos‿amis sont marocains.

■ LES ADJECTIFS DÉMONSTRATIFS

Ils désignent une personne, un animal, un objet ou un endroit.
Ils s'accordent avec le nom.

	Masculin	Féminin
Singulier	**Ce** pantalon est bleu. **Cet** article coûte 5 euros. (Cet + a, e, i, o, u ou h)	**Cette** robe est blanche.
Pluriel	**Ces** pantalons sont bleus.	**Ces** robes sont blanches.

On fait la liaison entre **ces**, **cet** + nom
Ces‿élèves sont canadiens.

Unité 4

■ L'INTERROGATION AVEC POURQUOI

Pourquoi interroge sur la cause.
Pour formuler une question, on place **Pourquoi** en début de phrase.
Pourquoi tu es en retard ?
On peut aussi utiliser "est-ce que" après pourquoi.
Pourquoi est-ce que tu es en retard ?

Parce que/Parce qu' introduit la cause et répond à la question avec "Pourquoi".
Pourquoi est-ce qu'il y a une fête ?
Parce que c'est mon anniversaire.
Parce qu' + voyelle ou h.
Parce qu'elle/Héléna fête son anniversaire.

Parce que peut être placé au début d'une phrase ou au milieu.
Il y a une fête parce que c'est mon anniversaire.

Précis grammatical A1

■ L'INTERROGATION AVEC QUI, QUE, OÙ, QUAND, COMMENT, COMBIEN

Nous posons des questions avec les mots interrogatifs : **qui, que, où, quand, comment, combien** pour obtenir des informations.
Chaque mot interrogatif interroge sur un aspect concret.

Aspect	Question
Personne	**Qui** parle français ?
Objet	**Qu'**est-ce que tu fais ? Tu fais **quoi** ?
Lieu	**Où** est-ce que tu habites ? Tu habites **où** ?
Temps	**Quand** est-ce que tu pars ? Tu pars **quand** ?
Manière	**Comment** tu t'appelles ? Tu t'appelles **comment** ?
Nombre	**Combien** vous êtes ? Vous êtes **combien** ?

Unité 5

■ L'EXPRESSION DU TEMPS

Depuis exprime l'origine d'une action ou d'une situation qui continue aujourd'hui.
Nous sommes à Rome depuis hier.

Dans exprime un moment dans le futur.
On se voit dans une semaine.

■ LE FUTUR PROCHE

On utilise le futur proche pour parler d'intentions ou de projets prévus dans un futur ou avenir proche.
Aller (au présent) + infinitif
Nous allons prendre le train.
Tu vas partir demain ?

Unité 6

■ L'EXPRESSION DE L'OBLIGATION

On peut exprimer l'obligation avec **Il faut** ou avec le verbe **devoir**.

• **Il faut** exprime une obligation générale, sans s'adresser à quelqu'un de précis. **Il faut** se conjugue uniquement à la 3ᵉ personne du singulier : Il. C'est un verbe impersonnel.
Il faut faire beaucoup de choses.

• Le verbe **devoir** permet d'exprimer une obligation personnelle. Il est toujours suivi d'un verbe à l'infinitif.
La cliente doit confirmer le rendez-vous.

■ L'IMPÉRATIF

On utilise l'impératif pour donner des ordres, des indications et des conseils.

Tourne ! Tournons ! Tournez !

Il y a 3 formes. Elles correspondent, aux personnes "tu", "nous" et "vous" du présent de l'indicatif, mais on n'utilise pas de pronoms sujets.

Tu fais	→	*Fais !*
Nous faisons	→	*Faisons !*
Vous faites	→	*Faites !*

Pour les verbes terminés en **er**, on supprime le **s** à la personne "tu".

Tu danses → *Danse !*

■ LE PASSÉ COMPOSÉ

On utilise le passé composé pour raconter des actions au passé.

- **Le passé composé est formé de l'auxiliaire AVOIR ou ÊTRE (conjugué au présent) + participe passé**

Nous   avons   visité
        | |
  auxiliaire participe passé

Je   suis   allé
   | |
auxiliaire participe passé

VISITER	ALLER
J'ai visité	Je suis allé(e)
Tu as visité	Tu es allé(e)
Il/Elle a visité	Il/Elle est allé(e)
Nous avons visité	Nous sommes allé(e)s
Vous avez visité	Vous êtes allé(e)s
Ils/Elles ont visité	Ils/Elles sont allé(e)s

Quel auxiliaire ? Avoir ou Être ?

- On utilise l'auxiliaire « avoir » avec la majorité des verbes.

- On utilise l'auxiliaire « être » avec :

– aller, arriver, descendre, entrer, monter, naître, mourir, partir, passer, rester, retourner, sortir, tomber, venir et leurs composés (revenir, devenir …)

– Les verbes pronominaux :

Exemple : se lever

Je me suis levé(e) - Tu t'es levé(e) - Il/Elle s'est levé(e) - Nous nous sommes levé(e)s - Vous vous êtes levé(e)s - Ils/Elles se sont levé(e)s

Comment on forme le participe passé ?

- **Le participe passé des verbes réguliers en -er se termine par -é(e).**

Aller / allé(e)

- **Le participe passé des verbes réguliers en -ir se termine par -i(e).**

Sortir / sorti(e)

- **Le participe passé des verbes réguliers en -re se termine par u(e)**

Vendre / vendu(e)

Certains participes passés sont irréguliers.

Avoir / eu
Comprendre / compris
Être / été
Faire / fait
Naître / né
…

Précis grammatical A1

Les chiffres et les nombres

0	Zéro	34	Trente-quatre	68	Soixante-huit
1	Un	35	Trente-cinq	69	Soixante-neuf
2	Deux	36	Trente-six	70	Soixante-dix
3	Trois	37	Trente-sept	71	Soixante et onze
4	Quatre	38	Trente-huit	72	Soixante-douze
5	Cinq	39	Trente-neuf	73	Soixante-treize
6	Six	40	Quarante	74	Soixante-quatorze
7	Sept	41	Quarante et un	75	Soixante-quinze
8	Huit	42	Quarante-deux	76	Soixante-seize
9	Neuf	43	Quarante-trois	77	Soixante-dix-sept
10	Dix	44	Quarante-quatre	78	Soixante-dix-huit
11	Onze	45	Quarante-cinq	79	Soixante-dix-neuf
12	Douze	46	Quarante-six	80	Quatre-vingts
13	Treize	47	Quarante-sept	81	Quatre-vingt-un
14	Quatorze	48	Quarante-huit	82	Quatre-vingt-deux
15	Quinze	49	Quarante-neuf	83	Quatre-vingt-trois
16	Seize	50	Cinquante	84	Quatre-vingt-quatre
17	Dix-Sept	51	Cinquante et un	85	Quatre-vingt-cinq
18	Dix-Huit	52	Cinquante-deux	86	Quatre-vingt-six
19	Dix-Neuf	53	Cinquante-trois	87	Quatre-vingt-sept
20	Vingt	54	Cinquante-quatre	88	Quatre-vingt-huit
21	Vingt et un	55	Cinquante-cinq	89	Quatre-vingt-neuf
22	Vingt-deux	56	Cinquante-six	90	Quatre-vingt-dix
23	Vingt-trois	57	Cinquante-sept	91	Quatre-vingt-onze
24	Vingt-quatre	58	Cinquante-huit	92	Quatre-vingt-douze
25	Vingt-cinq	59	Cinquante-neuf	93	Quatre-vingt-treize
26	Vingt-six	60	Soixante	94	Quatre-vingt-quatorze
27	Vingt-sept	61	Soixante et un	95	Quatre-vingt-quinze
28	Vingt-huit	62	Soixante-deux	96	Quatre-vingt-seize
29	Vingt-neuf	63	Soixante-trois	97	Quatre-vingt-dix-sept
30	Trente	64	Soixante-quatre	98	Quatre-vingt-dix-huit
31	Trente et un	65	Soixante-cinq	99	Quatre-vingt-dix-neuf
32	Trente-deux	66	Soixante-six	100	Cent
33	Trente-trois	67	Soixante-sept		

Les nombres ordinaux

1er/1re	premier/première		6e	sixième
2e	deuxième		7e	septième
3e	troisième		8e	huitième
4e	quatrième		9e	neuvième
5e	cinquième		10e	dixième

Tableaux de conjugaison

Les auxiliaires

	Présent	Passé composé	Impératif
Être	Je suis Tu es Il/Elle/On est Nous sommes Vous êtes Ils/Elles sont	J'ai été Tu as été Il/Elle/On a été Nous avons été Vous avez été Ils/Elles ont été	Sois ! Soyons ! Soyez !
Avoir	J'ai Tu as Il/Elle/On a Nous avons Vous avez Ils/Elles ont	J'ai eu Tu as eu Il/Elle/On a eu Nous avons eu Vous avez eu Ils/Elles ont eu	Aie ! Ayons ! Ayez !

Les verbes réguliers en *-er*

	Présent	Passé composé	Impératif
Aimer	J'aime Tu aimes Il/Elle/On aime Nous aimons Vous aimez Iils/Elles aiment	J'ai aimé Tu as aimé Il/Elle a aimé Nous avons aimé Vous avez aimé Ils/Elles ont aimé	Aime ! Aimons ! Aimez !
Parler	Je parle Tu parles Il/Elle/On parle Nous parlons Vous parlez Ils/Elles parlent	J'ai parlé Tu as parlé Il/Elle/On a parlé Nous avons parlé Vous avez parlé Ils/Elles ont parlé	Parle ! Parlons ! Parlez !
Se coucher	Je me couche Tu te couches Il/Elle/On se couche Nous nous couchons Vous vous couchez Ils/Elles se couchent	Je me suis couché(e) Tu t'es couché(e) Il/Elle s'est couché(e) Nous nous sommes couché(e)s Vous vous êtes couché(e)s Ils/Elles se sont couché(e)s	Couche-toi ! Couchons-nous ! Couchez-vous !
Se réveiller	Je me réveille Tu te réveilles Il/Elle/On se réveille Nous nous réveillons Vous vous réveillez Ils/Elles se réveillent	Je me suis réveillé(e) Tu t'es réveillé(e) Il/Elle/On s'est réveillé(e) Nous nous sommes réveillé(e)s Vous vous êtes réveillé(e)s Ils/Elles se sont réveillé(e)s	Réveille-toi ! Réveillons-nous ! Réveillez-vous !

Tableaux de conjugaison

Les verbes en - er, cas particuliers

	Présent	Passé composé	Impératif
Acheter	J'achète Tu achètes Il/Elle/On achète Nous achetons Vous achetez Ils/Elles achètent	J'ai acheté Tu as acheté Il/Elle/On a acheté Nous avons acheté Vous avez acheté Ils/Elles ont acheté	Achète ! Achetons ! Achetez !
Commencer	Je commence Tu commences Il/Elle/On commence Nous commençons Vous commencez Ils/Elles commencent	J'ai commencé Tu as commencé Il/Elle/On a commencé Nous avons commencé Vous avez commencé Ils/Elles ont commencé	Commence ! Commençons ! Commencez !
Manger	Je mange Tu manges Il/Elle/On mange Nous mangeons Vous mangez Ils/Elles mangent	J'ai mangé Tu as mangé Il/Elle/On a mangé Nous avons mangé Vous avez mangé Ils/Elles ont mangé	Mange ! Mangeons ! Mangez !
Préférer	Je préfère Tu préfères Il/Elle/On préfère Nous préférons Vous préférez Ils/Elles préfèrent	J'ai préféré Tu as préféré Il/Elle a préféré Nous avons préféré Vous avez préféré Ils/Elles ont préféré	Préfère ! Préférons ! Préférez !
S'appeler	Je m'appelle Tu t'appelles Il/Elle/On s'appelle Nous nous appelons Vous vous appelez Ils/Elles s'appellent	Je me suis appelé(e) Tu t'es appelé(e) Il/Elle s'est appelé(e) Nous nous sommes appelé(e)s Vous vous êtes appelé(e)s Ils/Elles se sont appelé(e)s	Appelle-toi ! Appelons-nous ! Appelez-vous !
Se lever	Je me lève Tu te lèves Il/Elle/On se lève Nous nous levons Vous vous levez Ils/Elles se lèvent	Je me suis levé(e) Tu t'es levé(e) Il/Elle s'est levé(e) Nous nous sommes levé(e)s Vous vous êtes levé(e)s Ils/Elles se sont levé(e)s	Lève-toi ! Levons-nous ! Levez-vous !
Voyager	Je voyage Tu voyages Il/Elle/On voyage Nous voyageons Vous voyagez Ils/Elles voyagent	J'ai voyagé Tu as voyagé Il/Elle a voyagé Nous avons voyagé Vous avez voyagé Ils/Elles ont voyagé	Voyage ! Voyageons ! Voyagez !

Les verbes irréguliers

	Présent	Passé composé	Impératif
Aller	Je vais Tu vas Il/Elle/On va Nous allons Vous allez Ils/Elles vont	Je suis allé(e) Tu es allé(e) Il/Elle/On est allé(e) Nous sommes allé(e)s Vous êtes allé(e)s Ils/Elles sont allé(e)s	Va ! Allons ! Allez !
Devoir	Je dois Tu dois Il/Elle/On doit Nous devons Vous devez Ils/Elles doivent	J'ai dû Tu as dû Il/Elle/On a dû Nous avons dû Vous avez dû Ils/Elles ont dû	Dois ! Devons ! Devez !
Faire	Je fais Tu fais Il/Elle/On fait Nous faisons Vous faites Ils/Elles font	J'ai fait Tu as fait Il/Elle/On a fait Nous avons fait Vous avez fait Ils/Elles ont fait	Fais ! Faisons ! Faites !
Pouvoir	Je peux Tu peux Il/Elle/On peut Nous pouvons Vous pouvez Ils/Elles peuvent	J'ai pu Tu as pu Il/Elle/On a pu Nous avons pu Vous avez pu Ils/Elles ont pu	–
Partir	Je pars Tu pars Il/Elle/On part Nous partons Vous partez Ils/Elles partent	Je suis parti(e) Tu es parti(e) Il/Elle/On est parti(e) Nous sommes parti(e)s Vous êtes parti(e)s Ils/Elles sont parti(e)s	Pars ! Partons ! Partez !
Sortir	Je sors Tu sors Il/Elle/On sort Nous sortons Vous sortez Ils/Elles sortent	Je suis sorti(e) Tu es sorti(e) Il/Elle/On est sorti(e) Nous sommes sorti(e)s Vous êtes sorti(e)s Ils/Elles sont sorti(e)s	Sors ! Sortons ! Sortez !
Venir	Je viens Tu viens Il/Elle/On vient Nous venons Vous venez Ils/Elles viennent	Je suis venu(e) Tu es venu(e) Il/Elle est venu(e) Nous sommes venu(e)s Vous êtes venu(e)s Ils/Elles sont venu(e)s	Viens ! Venons ! Venez !
Vouloir	Je veux Tu veux Il/Elle/On veut Nous voulons Vous voulez Ils/Elles veulent	J'ai voulu Tu as voulu Il/Elle/On a voulu Nous avons voulu Vous avez voulu Ils/Elles ont voulu	Veux/Veuille ! Voulons ! Voulez/Veuillez !

Tableaux de conjugaison

Autres verbes

	Présent	Passé composé	Impératif
Boire	Je bois Tu bois Il/Elle/On boit Nous buvons Vous buvez Ils/Elles boivent	J'ai bu Tu as bu Il/Elle/On a bu Nous avons bu Vous avez bu Ils/Elles ont bu	Bois ! Buvons ! Buvez !
Connaître	Je connais Tu connais Il/Elle/On connaît Nous connaissons Vous connaissez Ils/Elles connaissent	J'ai connu Tu as connu Il/Elle/On a connu Nous avons connu Vous avez connu Ils/Elles ont connu	Connais ! Connaissons ! Connaissez !
Mettre	Je mets Tu mets Il/Elle/On met Nous mettons Vous mettez Ils/Elles mettent	J'ai mis Tu as mis Il/Elle/On a mis Nous avons mis Vous avez mis Ils/Elles ont mis	Mets ! Mettons ! Mettez !
Prendre	Je prends Tu prends Il/Elle/On prend Nous prenons Vous prenez Ils/Elles prennent	J'ai pris Tu as pris Il/Elle/On a pris Nous avons pris Vous avez pris Ils/Elles ont pris	Prends ! Prenons ! Prenez !

Lexique

UNITÉ 1

acteur/actrice, un/une
âge, l'
avocat/avocate, un/une
avoir
baguette, une
bus, un
café, un
canapés, des
chat, un
chien, un
chirurgien/ienne, un/une
chocolat, un
coiffeur/coiffeuse, un/une
commerçant/commerçante, un/une
croissant, un
cuisinier/cuisinière, un/une
danseur/danseuse, un/une
dentiste, un/une
directeur/directrice, un/une
écrivain/écrivaine, un/une
égal
éléphant, un
entrepreneur/entrepreneuse, un/une
épeler
être
étudiant/étudiante, un/une
femme, une
fille, une
film, un
garçon, un
guitare, une
homme, un
hôtel, un
infirmier/infirmière, un/une
influenceur/influenceuse, un/une
joueur/joueuse, un/une
journaliste, un/une
médecin, un/une
métier, un
moins
moto, une
musicien/ienne, un/une
peintre, un/une
photo, une
piano, un
pilote, un/une
plus
policier/policière, un/une
pompier, un
pyjama, un
rendez-vous, un
répéter
restaurant, un
scientifique, un/une
serveur/serveuse, un/une
téléphone, un
tomates, des
train, un
vendeur/vendeuse, un/une

UNITÉ 2

affiche, une
adorer
agréable
aimer
allemand/allemande
amusant/amusante
argentin/argentine
B.D (bande dessinée), une
bavard/bavarde
beau
belge
belle
bon/bonne
bouche, la
bras, le
calme
canadien/ienne
cheveux, les
content/contente
cou, le
court/courte
crêpe, une
curieux/curieuse
danser
dents, les
détester
doigt, le
dos, le
drôle
élève, un/une
étudier
fâché/fâchée
fatigué/fatiguée
film, un
fleur, une
français/française
front, le
gentil/gentille
goûts, les
grand/grande
gros/grosse
hongrois/hongroise
intelligent/intelligente
intéressant
italien/italienne
jambe, la
japonais/japonaise
long/longue
main, la
mais
marcher
marocain/marocaine
méchant/méchante
musique, la
nationalité
neige, la
nez, le
oeil, un
optimiste
oreille, une
parler
pessimiste
petit/petite
pied, le
prix, un
rapide
roux/rousse
russe
serpent, un
sportif/sportive
suisse
sympathique
tête, la
théâtre, le
timide
travailler
triste
ville, une
voyager
yeux, les

UNITÉ 3

acheter
animal, un
baskets, des
beaucoup
blanc/blanche
bleu/bleue
bon marché
bottes, des
boutique, une
brosse, une
cabine d'essayage, la
cahier, un
calculette, une
carré/carrée
chaussettes, des
chaussures, des
chemise, une
cher/chère
clair/claire
clés, des
client/cliente
cochon, un
collecte, la
coque de téléphone, une
crayon, un
doudoune, une
écouteurs, des
fleur, une
foncé/foncée
gomme, une
gris/grise
jaune
jean, un
jupe, une
laid/laide
lapin, un
léger/légère
livre, un
long/longue
lourd/lourde
lunettes, des
lycée, le
marron
mettre
mode, la
neuf/neuve
noir/noire
orange
ordinateur, un
pantalon, un
parapluie, un
pomme, une
portable, un
porter
pouvoir
pull, un
robe, une
rond/ronde
rouge
sac à dos, un
sac, un
short, un
stylo, un
sweat-shirt, un
taille-crayon, un
tee-shirt, un
très
trop
trousse, une
vendeur/vendeuse, un/une
vert/verte
vêtements, des

UNITÉ 4

août
après-midi, un/e
aujourd'hui
automne, un
avoir faim
avril
boisson, une
champignons, des
décembre
déjeuner
dessert, un
dimanche
dîner
écouter de la musique
emploi du temps, un
entrée, une
été, un
être malade
faire la cuisine

Lexique

faire la sieste
faire le lit
faire le ménage
faire les courses
faire ses devoirs
fête d'anniversaire, la
février
frites, les
fromage, le
fruits, des
gare, la
gâteau, le
habitudes, les
hiver, un
invités, les
jambon, le
janvier
jeudi
jour, le
journée, la
juillet
juin
légumes, des
lundi
mai
mardi
mars
matin, le
mercredi
midi, le
mois, le
montre, la
musée, le
novembre
nuit, la
octobre
œuf, un
oignon, un
pain, le
pâtes, les
plat, un
poisson, le
portable, le
prendre son petit-déjeuner
printemps, le
produits, les
promener le chien
réserver
rester à la maison
riz, le
routine, la
s'habiller
s'organiser
saison, la
salade, la
samedi
sculpture, la
se coucher
se doucher
se laver les dents
se lever
semaine, la
septembre
soir, le
spectacle, un
tâches, les
tomate, la
travailler
vendredi
viande, la
week-end, le

UNITÉ 5

activités manuelles, les
aller à une fête
aller au cinéma
aller au théâtre
arc-en-ciel, un
atelier, un
avion, un
avoir envie de
balade à vélo, une
beau-frère, le
belle-soeur, la
bougie, une
campagne, la
célibataire
chambre, la
courageux/courageuse
courir
cours, un
cousin, le
cousine, la
débarrasser la table
descendre
désert, le
écran, un
enfants, les
environnement, un
escalade, l'
escalier, un
facile
faire beau
faire de la natation
faire des randonnées
faire du shopping
faire du ski
faire du vélo
faire mauvais
fantastique
fille, la
film, le
fils, le
frère, le
grand-mère, la
grand-père, le
grands-parents, les
gratuit/e
horaires, les
inséparable
jouer au tennis
jouer aux jeux vidéo
loisirs, les
lune, la
mari, le
mer, la
mère, la
montagne, la
nature, la
nuage, un
oncle, un
orage, un
parents, les
passer du temps en famille
père, le
plaisir, un
pleuvoir
pluie, la
portable, un
projets, les
responsable
scooter, le
série, la
soeur, la
soleil, le
sport d'équipe, le
supporter
surprise, une
tante, une
température, la
temps libre, le
train, le
vent, le
vie, la
ville, la
voile, la
voiture, la

UNITÉ 6

à droite
à gauche
aider
appartement, un
armoire, une
atelier de couture, un
avoir besoin de
baignoire, une
boîte de chocolats, la
boucherie-charcuterie, la
boulangerie, la
bureau, le
chaise, une
chambre, la
charmant/charmante
coloré/colorée
commerces, les
consommer
cordonnier, le
couper ses cheveux
crèmerie-fromagerie, la
cuisine, la
déplacer
doucement
entrée, une
épicerie, une
étagères, des
exotique
faire le tour du monde
faire les courses
faire recoudre ses vêtements
fauteuil, un
gare, la
hôpital, un
île, une
journal, un
lampe, une
lit, un
local/locale
luxueux/ luxueuse
marché, le
médicaments, les
mettre
moderne
musée, le
oiseau, un
papeterie, la
patient, un
pharmacie, la
placard, un
poème, un
poissonnerie, la
porte-monnaie, un
prendre
prendre le train
quartier, un
ranger
réparer ses chaussures
réparer son vélo
salle de bains, la
salon, le
sardine, une
soigner une maladie
souvenir, un
spacieux/spacieuse
stade, le
steak, un
table, une
tapis, un
tourner
traditionnel/traditionnelle
vase, un
vulgaire

Transcriptions

Unité 1

LEÇON 1

 Page 10, activité 1b

1. Un restaurant
2. Un café
3. Un taxi
4. Un croissant
5. Un train
6. Un piano
7. Une note de musique
8. Un éléphant
9. Une moto
10. Un pyjama
11. Un chocolat
12. Un hôtel
13. Une guitare
14. Des canapés
15. Des tomates

Page 10, activité 2

Ambiance sonore mots transparents

Page 11, activité 4

Dialogue 1
– Bonjour, ça va ?
– Oui, ça va, et toi ?
– Ça va.
– Au revoir !
– Au revoir !

Dialogue 2
– Bonjour, monsieur.
– Bonjour, madame.
– Vous allez bien ?
– Très bien et vous ?
– Très bien, merci.

Dialogue 3
– Salut, Claire.
– Salut, Max.
– À tout à l'heure !
– Oui, à bientôt.

Dialogue 4
– Ça va, Léo ?
– Oui, ça va.
– Et toi, Julia ?
– Bof, pas très bien.
– Salut, à plus tard !
– Salut !

LEÇON 2

 Page 12, activité 1

A comme Aimée et Arthur
B comme Benoît et Benjamin
C comme Clément et Claire
D comme Dylan et Diego
E comme Eden et Emma
F comme Farid et Fleur
G comme Gabrielle et Guillaume
H comme Henri et Héléna
I comme Inès et Idriss
J comme Jérôme et Julia
K comme Kevin et Koumba
L comme Louna et Lucie
M comme Madeleine et Mohammed
N comme Nicolas et Noa
O comme Omar et Olivia
P comme Pablo et Prune
Q comme Quentin et Quassim
R comme Rose et Raphaël
S comme Suzanne et Souleyman
T comme Thaïs et Tao
U comme Ugo et Ulysse
V comme Valentine et Victor
W comme Walid et William
X comme Xavier et Xan
Y comme Yasmine et Yacine
Z comme Zoé et Zachary

 Page 12, activité 2b

Lou habite à Saint-Cloud.
Thibault boit de l'eau.
Éloi parle avec toi.
Aimée aime danser.
Madeleine est équatorienne.
Yseult adore le bleu.

 Page 13, activité 4a

– Comment tu t'appelles ?
– Je m'appelle Julie.
– Comment ça s'écrit ?
– J-U-L-I-E.
– D'accord. Et ton nom ?
– Bernard.
– Comment ça s'écrit ?
– B-E-R-N-A-R-D.
– Où est-ce que tu habites ?
– J'habite à Montpellier.
– Quel âge tu as ?
– J'ai 22 ans.

Transcriptions

 Page 13, activité 4b

- Je m'appelle Isaac Girard, j'habite à Paris et j'ai 17 ans.
- Bonjour, je m'appelle Michaela Pedrono, j'ai 20 ans et j'habite à Toulouse.

 Page 13, activité 5

a. Il s'appelle Guillaume, il a 40 ans, il a une fille. Elle s'appelle Anaïs. Ils ont un chien.
b. Elle s'appelle Madeleine et elle a un chat.
c. Nous avons 16 ans. Nous avons des copains géniaux !
d. Bonjour, vous avez des croissants ? Oui, madame.

LEÇON 3

 Page 14, activité 2

1-2-3-4-5-6-7-8-9-10-11-12-13-14-15-16-17-18-19-20-21-22-23-24-25-26-27-28-29-30-31-32-33-34-35-36-37-38-39-40-41-42-43-44-45-46-47-48-49-50-51-52-53-54-55-56-57-58-59-60

 Page 14, activité 3

39, 21, 12, 2, 10, 13, 3, 1, 20, 11, 6, 16, 25, 31, 0

Page 14, activité 4

a. - 10+2.
- Vous pouvez répéter s'il vous plaît ?
- Oui, bien sûr 10+2.
b. - 13+1
- Pardon, je n'ai pas compris !
- D'accord, je répète : 13+1
c. - 20-10
d. - 42-2
- Vous pouvez parler moins vite ?
- Oui, 42-2
e. - 13 +14
- Excusez-moi, vous pouvez répéter plus lentement ?
- Oui, bien entendu.

LEÇON 4

 Page 16, activité 2

Dialogue 1
- Karim, tu es musicien ?
- Oui, je suis musicien.
- Quel âge tu as ?
- J'ai 37 ans.

Dialogue 2
- Moi, c'est Zoé, je suis médecin.
- D'accord, et quel âge tu as ?
- J'ai 42 ans.

Dialogue 3
- Et vous ? Marco et Romy, vous êtes coiffeurs, c'est ça ?
- Oui, nous sommes coiffeurs tous les deux. Marco a 41 ans et moi j'ai 27 ans.

Dialogue 4
- Léa est avocate et elle a 43 ans et Romane est commerçante, elle a 54 ans.

Dialogue 5
- Nous sommes des joueuses de tennis. Louna a 21 ans et moi, j'ai 23 ans.

Dialogue 6
- Ils sont serveurs ?
- Clémence et Mehdi ? Oui, ils sont serveurs dans un restaurant. Ils ont 43 et 42 ans.

 Page 17, activité 4

Je suis, tu es, il/elle est, nous sommes, vous êtes, ils/elles sont
J'ai, tu as, il/elle a, nous avons, vous avez, ils/elles ont

PROJET

 Page 19, activité 2

a.
- Quel est ton nom ?
- Roussel.
- Et ton prénom ?
- Martin.
- Quel âge tu as, Martin ?
- J'ai 20 ans.
- Quel est ton numéro de téléphone ?
- 06 25 48 31 12
- Et ton adresse mail ?
- C'est martin-06@gmail.fr
- Tu habites en France ?
- Oui, J'habite à Biarritz.

b.
- Salut, quel est ton nom ?
- M'Barali
- Comment ça s'écrit ?
- M apostrophe B A R A L I
- Merci. Et quel est ton prénom ?
- Mon prénom ? Kylian.
- Tu habites à Rennes ?
- Oui, j'habite à Rennes.

c.
– Bonjour, comment tu t'appelles ?
– Vanessa Durand.
– Quel âge tu as ?
– J'ai 16 ans.
– Quel est ton numéro de téléphone ?
– 07 33 50 42 21
– Quelle est ton adresse mail ?
– durandvanou@wanadoo.fr
– Comment ça s'écrit ?
– D U R A N D V A N O U arobase point fr
– Où est-ce que tu habites, Vanessa ?
– À Lyon.

d.
– Comment tu t'appelles ?
– Célia Martin.
– Comment ça s'écrit Célia ?
– C.É.L.I.A
– Quel âge tu as ?
– J'ai 17 ans.
– Quel est ton numéro de téléphone ?
– 07 11 36 54 29
– Quelle est ton adresse mail ?
– celia.martin@free.fr
– Tu habites où ?
– J'habite à Biarritz.

BILAN

 Page 21, activité 2

– Salut, ça va ?
– Oui, ça va. Tu es l'ami de Maxime, non ?
– Maxime Latour ou Maxime Lefour ?
– Maxime Lefour.
– Oui, je suis l'ami de Maxime.
– Comment tu t'appelles ?
– Je m'appelle Adam, et toi ?
– Je m'appelle Sarah.
– Farah ?
– Non, Sarah, avec un S.
– Ah oui, d'accord, tu es Sarah Delamare.
– Oui, c'est ça. Tu as le numéro de téléphone de Maxime ?
– Hummm, une seconde… oui, c'est le 00 33 7 12 34 55 59
– 00 33 7 12 34 55 59
– Tu habites à Deauville ?
– Non, j'habite à Abbeville.
– Abbeville ? Comment ça s'écrit ?
– A-B-B-E-V-I-L-L-E

– Ah d'accord. Salut, à bientôt !
– À bientôt !

Unité 2

LEÇON 1

 Page 24, activité 2

Dialogue 1
– Qui c'est ?
– C'est Léa. C'est une élève.
– D'accord !
– Elle est belge. Elle est sympa.

Dialogue 2
– Est-ce que c'est le professeur de français ?
– Oui, il est canadien.
– Non, il est suisse.

 Page 24, activité 3

– Vous êtes boulanger ?
– Tu aimes le chocolat.
– C'est un acteur anglais.
– Elle s'appelle Lise ?
– Ils ont 21 ans.

 Page 25, activité 4

a. C'est Wangari Muta. C'est une scientifique kényane. Elle est biologiste. Elle est morte en 2011 à 71 ans. En 2004, c'est la première femme africaine avec un prix Nobel de la paix pour son engagement contre la déforestation du Kenya et pour la démocratie et la paix.
Audrey, élève de première.

b. Ce sont Malala Yousafzai et Kailash Satyarthi. Elle est pakistanaise et il est indien. Malala a 17 ans en 2014 quand ils ont le prix Nobel de la paix pour leur défense des droits à l'éducation des enfants.
Kader, élève de seconde

 Page 25, activité 5a

Allemand / Allemande
Hongrois /Hongroise
Japonais/ Japonaise
Suisse /Suisse
Argentin /Argentine
Italien /Italienne
Marocain / Marocaine

Transcriptions

Belge /Belge
Français /Française
Canadien /Canadienne

 Page 25, activité 5b

Américaine
Mexicain
Russe
Sénégalaise
Indien
Australienne
Polonais
Portugaise
Chinois
Anglaise

LEÇON 2

 Page 26, activité 2

a. J'aime le football.
b. J'adore le silence.
c. Je n'aime pas le théâtre.
d. J'aime les crêpes.
e. Je n'aime pas les araignées.
f. J'adore la musique classique.
g. Je déteste les serpents.
h. J'aime les films d'horreur.

LEÇON 3

 Page 29, activité 3

La bouche, les oreilles, la jambe, le ventre, la tête, la main, le pied, le dos, les yeux, les cheveux, le cou, le ventre, le front, le nez, le genou, le bras.

 Page 29, activité 5

a. Elle est jeune, elle a les cheveux courts et blonds. Son chien est blanc et il a les yeux noirs.
b. Il a les cheveux bruns. Son chien est noir et marron.
c. Elle est rousse, elle a les yeux clairs. Son chat est petit.

LEÇON 4

 Page 30, activité 1a

fatigué	gentil	optimiste
content	méchant	pessimiste
triste	fâché	timide
drôle	curieux	calme

 Page 30, activité 2b

– Je suis calme, dynamique et discipliné.
– J'aime la vitesse, la compétition, et le contact avec les gens.
– Je suis dynamique, sociable, rapide et gentille.
– J'adore parler avec les clients et danser la salsa.
– Je suis travailleur, je suis intelligent, je suis bavard, j'adore parler.
– J'aime la politique, les séries de détectives et parler.
– Je suis calme et j'ai beaucoup d'imagination.
– J'aime voyager et j'aime beaucoup visiter les musées.

PROJET

 Page 32, activité 1

Je suis comme je suis
Je suis faite comme ça
Quand j'ai envie de rire
Oui je ris aux éclats
J'aime celui qui m'aime
Est-ce ma faute à moi ?
Si ce n'est pas le même
Que j'aime à chaque fois ?
Je suis comme je suis
Je suis faite comme ça
Que voulez-vous de plus
Que voulez-vous de moi

BILAN

 Page 35 activité 2

– Je m'appelle Marco et j'adore les films d'horreur et le sport, mais je déteste le football.
– Salut, moi, c'est Leïla. J'adore l'histoire et lire. Je ne supporte pas la musique électronique.
– Mon prénom est Elliot. J'aime la danse classique et le hip hop. J'aime aussi les B.D et les jeux vidéo.
– Moi, c'est Flavie. Je n'aime pas les sports d'équipe mais j'aime le tennis. J'adore aussi le cinéma.

Unité 3

LEÇON 1

Page 39 activité 4a

1. Quels objets vous aimez ?
2. Les éléphants sont gris.

3. Elles adorent les animaux.
4. Vous étudiez les adjectifs possessifs

LEÇON 2

 Page 40 activité 1

a. Dans le sac d'Isabelle il y a des clés, un taille-crayon et une gomme bleue et rouge mais il n'y a pas d'écouteurs.
b. Dans le sac de Pablo il y a une pomme, un téléphone portable et un ordinateur mais il n'y a pas de brosse.
c. Dans le sac de Léna il n'y a pas de pomme, mais il y a un stylo, des écouteurs et une trousse orange.

LEÇON 3

 Page 42 activité 1b

– un short beige
– une chemise jaune
– une robe violette
– un pull rouge
– des bottes
– un tee-shirt rose
– un jean
– un sweat-shirt bleu
– un pantalon beige
– des chaussures
– une doudoune verte
– des chaussettes
– une jupe rouge
– des baskets

 Page 43 activité 3

1.
– Bonjour madame, je peux vous aider ?
– Oui, bonjour. Quel est le prix de ces chaussures, s'il vous plaît ?
– Elles coûtent 49 euros 50.
– D'accord, merci. Elles sont très belles ! ... Mais elles sont trop petites ...
Vous avez un 39 ?
– Non, madame, nous n'avons pas le 39 en orange, mais en bleu, oui ...
– D'accord ... Je ne sais pas ... je peux essayer ?
– Bien sûr ! Voilà !
– Merci beaucoup !

2.
– Je vends cette chemise sur Internet. Elle est très chaude et confortable mais elle trop petite pour moi.

3.
– J'adore ce collier ! Il est trop beau !
– Tu as beaucoup de colliers ! Et il est trop cher ! Les soldes commencent bientôt.
– Tu as raison, je ne l'achète pas !

LEÇON 4

 Page 44 activité 1a

70, 71, 72, 73, 74, 80, 81, 85, 86, 87, 90, 91, 92, 94, 95, 98, 99, 100, 101, 103,
210, 340, 456, 560, 1000, 2010, 1 million, 1 milliard

 Page 44 activité 2

a. 63 et ...
b. 66, 67, 68, 69 et ...
c. 77, 78, 79 et ...
d. 22, 32, 42, 52, 62, ...
e. 94, 93, 92, 91 et ...

Page 45 activité 4

1.
– Zoé, Tu peux m'aider ?
– OK
– Qu'est-ce que tu apportes pour la collecte de vêtements ?
– Je peux donner ma robe jaune, mon vieux jean, ma doudoune ...

2.
– Coucou Alex et Léo ! Vous pouvez apporter vos vieux vêtements ?
– Non, Nous ne pouvons pas ! Impossible aujourd'hui ...

3.
– Alex et Léo peuvent ?
– Ils peuvent quoi ?
– Apporter leurs vêtements.
– Ah ! Non ! Mais Sarah, oui ! Elle peut !
– Super !!!

Page 45 activité 5

– Quels vêtements tu portes aujourd'hui ?
– Je porte un sweat à capuche blanc, un pantalon noir et des baskets blanches.
– Je porte un pull, un tee-shirt, un jean et des baskets blanches.
– Quels vêtements tu n'aimes pas ?
– Je n'aime pas porter des jupes et des robes.
– Je n'aime pas les chaussettes courtes.
– Je déteste les pantalons très étroits.

Transcriptions

– Quel est ton accessoire préféré ?
– Mon accessoire préféré, c'est mon écharpe.
– Quel accessoire tu ne peux pas oublier ?
– L'accessoire que je ne peux pas oublier, c'est mon téléphone.
– Je ne peux pas oublier de porter des boucles d'oreille et mon bracelet.
– Est-ce que tu as des vêtements d'occasion ?
– Non, je n'ai pas de vêtements d'occasion.
– Oui, oui, j'ai beaucoup de vêtements d'occasion.
– J'ai des jeans, des vestes, des tee-shirts ...

BILAN

 Page 49 activité 2

a. Il est vert et très utile. C'est un objet léger et il faut le tenir d'une main
b. C'est un objet nécessaire pour moi. Elles sont vertes et marron. J'utilise cet objet tous les jours.
c. C'est un accessoire très pratique. Il est vert, léger et pas très grand. Je porte cet objet pour faire mes courses.

Unité 4

LEÇON 1

 Page 52 activité 1

a. Excusez-moi, quelle heure il est, s'il vous plaît ?
– Il est 19 heures.
– Merci !
b. Mesdames et messieurs, votre attention s'il vous plaît. Le vol numéro 5982 à destination de New York, départ à 13h03.
c. Vite ! Dépêche-toi ! Nous sommes en retard ! Il est 10h moins cinq, le train arrive dans 5 minutes.
d. Mon réveil matin sonne à 6h45 tous les jours !
e. Il est 8 heures et quart, le film commence dans 10 minutes. Ça va, nous ne sommes pas pressés.
f. À quelle heure tu termines ton cours à l'université ? À midi pile !
g. Le musée ferme à quelle heure ?
À 18h et il est 17h30.
h. Je commence mon entraînement à 10h10, comme tous les lundis matin.
i. Demain, je me réveille à 7h moins 20. J'ai une journée chargée.
j. Bonjour, vous êtes en avance, il est 6h20 et votre rendez-vous est dans 15 minutes. Asseyez-vous.

LEÇON 2

 Page 54 activité 2

– Bonjour Antoine, ça va ? Qu'est-ce que tu fais ?
– Bonjour, Lou. Oui ça va, j'ai une journée chargée aujourd'hui !
– Pourquoi ?
– Parce qu'à midi c'est ma fête d'anniversaire et j'ai beaucoup de choses à faire.
– Qu'est-ce qu'il y a à faire ?
– Ce matin, je fais le ménage et nous faisons les courses avec Mathis et Léon.
– Vous faites la cuisine tous les trois ?
– Non, je ne fais pas la cuisine ! Maëlle et Sacha font des pizzas et des salades et Mathis fait le gâteau au chocolat.
– Je peux t'aider ?
– Est-ce que tu peux promener le chien ? Je n'ai pas le temps ! J'ai aussi mes devoirs à faire !

LEÇON 3

 Page 56 activité 2 a et b

Lundi, mardi, mercredi, jeudi, vendredi, samedi, dimanche.

 Page 56 activité 2 c

Octobre, anniversaire, date, triste, éléphant, fête, montre, matin, élégant, routine, manger, zéro, week-end, élève

Page 56 activité 3

Je suis né le 23 novembre 2006.
Ma date de naissance est le 28 février 2001.
Aujourd'hui, c'est le 2 janvier.
Aujourd'hui, nous sommes le 21 novembre.
Une date importante pour moi c'est le 9 décembre 2003, c'est le jour où ma sœur est née.
C'est le 1er janvier parce que le Nouvel an commence.
Mon jour préféré de la semaine c'est le samedi parce que je peux faire beaucoup de choses.
Je préfère le dimanche parce que c'est une journée tranquille avant le début de la nouvelle semaine.
Ma saison préférée c'est le printemps parce qu'il fait beau.
Ma saison préférée est l'été parce que j'aime aller à la plage.

 Page 57 activité 4

– Qu'est-ce qu'on fait cette semaine ? On va à l'Odyssée des Lumières ou pas ?

– L'Odyssée des Lumières, qu'est-ce que c'est ?
– C'est un spectacle de mapping artistique et lumineux.
– C'est quand ?
– Cette semaine c'est dimanche 14 avril.
– À quelle heure ?
– Le matin, à partir de 19h.
– Ah, super, et c'est où ?
– C'est à la station de ski Les Saisies, sur la plage.
– Combien ça coûte ?
– C'est gratuit !
– D'accord ! Parfait ! On y va comment ?
– Je passe te chercher.
– Génial, merci !

LEÇON 4

 Page 57 activité 5

– Bonjour madame, vous avez choisi ?
– Comme entrée, je voudrais une salade composée.
– D'accord, et comme plat ?
– Les pâtes à la sauce tomate, s'il vous plaît.
– Ok, comme dessert ? Notre tarte tatin est excellente.
– Non merci, je préfère la mousse au chocolat.
– Très bien, madame. Et comme boisson ? De l'eau, du coca…
– De l'eau minérale, s'il vous plaît. Merci.
– C'est tout ?
– Et un peu de pain, s'il vous plaît.

BILAN

 Page 63 activité 1

a. Ce restaurant est fermé. C'est normal, il est onze heures moins le quart.
b. Oui, le train passe à six heures douze, je t'appelle après.
c. Je ne comprends pas, il est midi et le bus n'arrive pas !
d. Allez Jules ! Arrête de lire, il est dix heures et demie ! Au lit !
e. Il est 5 heures moins cinq ! Le cours commence à 5 heures ! Je suis en retard !

Unité 5

LEÇON 1

 Page 66 activité 2

– Jessica, qu'est-ce que tu fais pendant ton temps libre ?
– Je fais du sport, je vais à la salle de gym. J'aime aussi passer du temps avec mes amis ou ma famille. Nous allons à la plage en été. Mes amies vont faire du shopping, mais moi je déteste ça.
– Et toi Assane ? Qu'est-ce que tu fais ?
– Avec mes amis on joue au tennis et nous allons au club. Nous faisons aussi du vélo en été. J'ai aussi envie d'essayer la natation. Je joue du piano au conservatoire.
– Et toi Alba, tu fais quoi pendant ton temps libre ?
– Qu'est-ce que je fais le weekend ? Ça dépend … je vais à la montagne avec mes parents, et je fais du ski avec mes amis. J'aime aussi jouer aux jeux vidéo. Je vais aussi au cinéma avec ma sœur.

 Page 67 activité 5

a. Une vie
b. Une rue
c. Une porte
d. Un anniversaire
e. Un voyage
f. Un homme

LEÇON 2

 Page 68 activité 3

a. Joséphine et Benjamin ont toujours envie de découvrir d'autres pays. Ils utilisent le train pour voyager parce que c'est plus écologique. Cet été, ils veulent visiter l'Italie.
b. Alexia ne veut pas prendre l'avion parce que c'est mauvais pour la planète, elle préfère le train ou le bus. Elle est étudiante et elle voyage parce qu'elle adore regarder les paysages. Elle a envie de visiter l'Islande.
c. Guillaume ne voyage pas beaucoup. Il a envie de prendre l'avion pour visiter l'Australie, c'est son rêve !
d. Mon copain et moi, nous sommes acteurs et nous voyageons beaucoup en avion et en train. Quand nous voyageons c'est pour le travail, on ne peut pas visiter beaucoup de choses. Nous avons envie de visiter le Cambodge.

 Page 69 activité 5

Personne A – Tu veux ou tu ne veux pas ?
Personne B – Moi, je veux.
Personne C – Moi, je ne veux pas.
Personne A – Et vous, vous voulez ?
Personne D – Non, nous ne voulons pas.
Personne A – Et eux, ils veulent ?
Personne B – Je ne sais pas.

Transcriptions

LEÇON 3

 Page 70 activité 2

Ambiance sonore : sons de pluie, soleil, vent, orage

 Page 70 activité 3

Voici les prévisions météo pour cette semaine dans notre ville.
Il va y avoir des nuages presque tous les jours, avec de la pluie jeudi, samedi et dimanche. Est-ce que nous allons avoir de la neige ? Et bien, non ! Nous n'allons pas voir de neige cette semaine selon les dernières prévisions !
Aujourd'hui, nous allons avoir du soleil toute la journée, avec une température maximale de 13 degrés. La température minimale cette semaine va être de 1 degré.
Très bonne journée et semaine à tous !

LEÇON 4

 Page 73 activité 3

Il va falloir qu'elle se mettre à jour là Juliette, elle a encore plein de choses à rattraper.
J'adore mon petit rituel du matin, 5 minutes sur les réseaux sociaux et c'et bon, je suis à jour. Bon, on fait quoi aujourd'hui ?
C'est comme ça qu'on ne voit pas Juliette de la journée.
Parce que nous utiliser à forte dose, nous les écrans, on ne va pas se mentir, ça isole les enfants, ça perturbe le sommeil, et je ne vous parle même pas des effets sur l'attention à l'école ...
Allez, je peux très bien m'en passer.

BILAN

 Page 77 activité 2

Je m'appelle Esteban et voici une photo de ma famille. On s'amuse bien ensemble ! On aime partir en vacances avec toute la famille.
Sur cette photo il y a ma mère, mon grand-père, mon oncle, ma tante et ma petite sœur.
Nous sommes au Portugal pour les vacances de printemps.
Mon oncle Léo, prépare les voyages, il adore planifier et s'informer sur les pays. Il veut toujours découvrir des plats typiques parce qu'il est cuisinier.
Dans un an, on a envie de visiter la Chine. Je vais prendre l'avion pour la première fois.

Unité 6

LEÇON 1

 Page 81 activité 2

a. Dans cette pièce il y a un canapé, un fauteuil et un tapis.
b. Ici, il y a une armoire, des étagères, une petite lampe et un lit.
c. On peut voir une baignoire, une chaise et une plante.
d. Dans cette pièce il y a des chaises, une table et des placards.

 Page 81 activité 3

Dialogue 1
– Est-ce qu'il faut mettre cette plante dans la salle de bains ?
– Non ! Il faut la mettre dans le salon.
Dialogue 2
– Tu es déjà dans ton nouvel appartement ?
– Oui, depuis hier.
– Il faut fêter ça !
– Oui tout est prêt, il faut juste mettre le tapis dans le salon.
Dialogue 3
– J'adore votre bureau.
– Oui, il est pratique.
– Vous n'avez pas d'étagères ?
– Si, elles sont là-bas.
– Il faut ranger les livres ? Si vous voulez, je peux vous aider.
– Merci, c'est sympa !
Dialogue 4
– Tu peux m'aider à déplacer ce fauteuil s'il te plaît ?
– Pourquoi ?
– Parce qu'il est lourd et il faut le mettre dans la chambre.

Page 81 activité 4

1. C'est leur nouvel appartement.
2. C'est leur nouvel appartement !
3. Chez Lucile il n'y a pas de terrasse.
4. Chez Lucile il n'y a pas de terrasse !
5. Ce fauteuil coûte 700 euros.
6. Ce fauteuil coûte 700 euros !
7. Dans cet appartement il y a 2 baignoires.
8. Dans cet appartement il y a 2 baignoires !
9. Il faut mettre le vase dans le salon.
10. Il faut mettre le vase dans le salon !

LEÇON 2

 Page 82 activité 4

1. J'ai besoin d'un kilo de pommes et d'une bouteille d'eau.
1. J'ai des invités ce soir, j'ai besoin d'un peu de jambon et d'une bonne viande.
2. Je voudrais acheter un stylo, une gomme et des cahiers pour le lycée.
3. où est-ce que je peux trouver un anti-douleur et une crème solaire ?
4. J'ai faim, où est-ce que je peux trouver des croissants ou des pains au chocolat ?

 Page 82 activité 3

1.
- Je cherche un endroit pour manger, mais pas très cher. Où est-ce que je peux aller?
- Il y a le bar chez Martine. Pour y aller, prends la rue des Tilleuls, tourne à gauche dans l'avenue de l'Europe et le bar est là, dans le parc.

2.
- Tu sais où est la crêperie ?
- Oui, tourne à gauche prends la rue du Commerce et l'avenue de France à droite, et voilà.

3.
- Où est la boucherie?
- Si tu pars de la boulangerie, prends l'avenue de l'Europe à droite. Prends la première rue à gauche. elle s'appelle la rue des Fleurs et il y a la boucherie-charcuterie à gauche.

LEÇON 3

 Page 84 activité 2

- Bonjour ! C'est bien Créatif, le salon de coiffure ?
- Oui, madame.
- Je voudrais prendre un rendez-vous s'il vous plaît.
- D'accord, madame. C'est pour quoi ? Vous devez couper ou faire une couleur ?
- Je dois couper mes cheveux.
- D'accord. Vous préférez quel jour ?
- Samedi après-midi, c'est possible ?
- Désolé madame, c'est impossible, on est fermés le samedi après-midi. Et demain, vendredi, vous pouvez ?
- Ça dépend… à quelle heure ?
- À 9h15, ça vous convient ? C'est le seul rendez-vous disponible pour cette semaine.
- Je ne sais pas encore… On doit me confirmer un autre rendez-vous …Je vous rappelle plus tard.
- D'accord, madame. Merci de confirmer si c'est possible aujourd'hui dans la matinée.

 Page 85 activité 5

- Il est trop bien, celui-là ? T'es sûre ?
- Bonjour, je peux vous aider ?
- Bonjour, mon téléphone est complètement HS et on a repéré ce modèle, vous en pensez quoi ?
- Ah oui, il est génial !
- Tu vois, je te l'avais dit.
- Mais je vous déconseille de l'acheter.
- Quoi ? Vous êtes pas très vendeur, vous …
- Ah non, pas du tout, moi je suis dévendeur.
- Oh !
- Non mais attendez, je dévends pas tout si c'est mieux pour vous et pour la planète. Je peux vous conseiller ce modèle reconditionné, aussi bien, également garanti, mais moins cher.
- Je te l'avais aussi conseillé celui-là.
Parce que les dévendeurs n'existent pas, posons-nous les bonnes questions avant d'acheter. Rendez-vous sur epargnonsnosressources.gouv.net.

LEÇON 4

 Page 86 activité 1

1. Nous commençons notre voyage au Brésil, à Rio de Janeiro. Nous traversons l'océan pour aller au Maroc. Après, nous allons en France, nous continuons notre voyage en Russie et nous terminons en Australie. Bon voyage !

2. Nous sommes au Japon et nous allons en Inde. Ensuite, nous allons partir aux États-Unis et terminer notre voyage au Canada.

Page 87 activité 5

L'été dernier, je suis allé en Guadeloupe. C'est un département français, aux Caraïbes.
J'ai passé un mois là-bas. Je suis allé chez des amis. J'ai fait beaucoup de choses. J'ai visité 5 îles. Les paysages sont magnifiques. Je suis allé à la plage, j'ai beaucoup nagé. J'ai vu des poissons et même des requins. Je suis allé voir des cascades, c'est impressionnant ! Il y a beaucoup d'oiseaux : des colibris, des perroquets… J'ai mangé de la langouste pour la première fois de ma vie. C'est un plat typique là-bas. J'ai aussi mangé des fruits exotiques comme des mangues, des papayes… C'est un très beau voyage et un beau souvenir !

Transcriptions

BILAN

 Page 91 activité 2

– Cabinet du Docteur Leroy, bonjour ?
– Bonjour, je voudrais un rendez-vous.
– C'est la première fois que vous venez ?
– Oui, c'est la première fois.
– D'accord, alors, je regarde... J'ai une heure de libre le 30 mars.
– Le 30 mars ? À quelle heure ?
– À 20h.
– Non, je ne peux pas. À 19h, c'est possible ?
– Non, monsieur, désolée.
– Et il n'y a pas d'autres dates disponibles ?
– Non, la prochaine date disponible est le 3 mai.
– Le 3 mai... D'accord. L'après-midi, c'est possible ?
– Oui, à 15h45, ça vous convient ?
– Oui, tout à fait.
– Quel est votre nom ?
– Barthélemy
– Vous pouvez épeler, s'il vous plaît ?
– B- A- R- T- H- É- L- E- M- Y
– B A R T H É L E M Y. Et votre prénom ?
– Luc
– D'accord, au revoir monsieur Barthélemy. Bonne journée !
– Merci, bonne journée à vous aussi, madame.

Entraînement au DELF A1

Entraînement 1

 Page 94 activité 1

Coucou !
Tout est prêt pour notre exposé oral d'histoire demain ! On se retrouve devant le lycée demain à 8h15. Tu dois apporter les documents pour la présentation orale. Aujourd'hui, je m'occupe des photos, je vais mettre tout ça sur le dossier partagé. À demain !

 Page 94 activité 2

Dialogue 1
– Salut ! Comment ça va ?
– Ça va bien ! Tu es dans ton nouveau studio ?
– Oui ! Regarde ! J'adore cet endroit. C'est à côté de mon université.
Dialogue 2
– Qu'est-ce que tu fais ?
– J'attends mon cours de zumba.
– Ah super ! J'ai envie d'essayer moi aussi !
Dialogue 3
– Voilà votre café, monsieur. Vous voulez autre chose ?
– Oui, vous pouvez apporter une carafe d'eau, s'il vous plaît ?
Dialogue 4
– Le match va commencer dans 15 minutes.
– D'accord. On a le temps !
– Oui ! Asseyez-vous, je vais chercher des boissons.

Entraînement 2

 Page 96 activité 1

Radio FM vous propose de gagner 15 places pour le concert de Clara Luciani, samedi 18 juin à Lille, au Zénith. Pour participer, écoutez Radio FM et donnez la bonne réponse à la question posée au numéro de téléphone 03 70 25 10 48. Bonne chance !

 Page 96 activité 2

Bonjour ! C'est moi, je suis en retard, désolée. Je ne peux pas venir te chercher. On se retrouve devant le cinéma à 18h30. Achète les entrées, on va gagner du temps. Après le cinéma on peut aller manger quelque part. Je t'invite !

Entraînement 3

 Page 98 activité 1

Bonjour, je vous téléphone du salon de coiffure Joëlle. Nous vous rappelons votre rendez-vous pour samedi 23 décembre à 10h du matin. Merci d'être ponctuel. Si vous venez en voiture, nous avons un parking réservé pour nos clients. Merci et à très bientôt.

 Page 98 activité 2

Merci de passer au marché et d'acheter une salade et des tomates. Chez le crémier, prends du fromage, un camembert si possible. Et pour finir, un pain de campagne ou une baguette.

N° de projet : 10308641 - contact@cle-inter.com
Achevé d'imprimer en Italie par Grafica Veneta - Trebaseleghe en mars 2025